经济管理学术文库·管理类

上海产业政策优化调整研究
——基于供给侧结构性改革的视角

A Study on the Adjustment and
Optimization of Shanghai's Industrial Policy
– From the Perspective of Supply-side Structural Reform

王宏伟　江飞涛　贺　俊　李　平　等／著

经济管理出版社
ECONOMY & MANAGEMENT PUBLISHING HOUSE

图书在版编目（CIP）数据

上海产业政策优化调整研究：基于供给侧结构性改革的视角/王宏伟等著. —北京：经济管理出版社，2017.9

ISBN 978-7-5096-5372-2

Ⅰ.①上… Ⅱ.①王… Ⅲ.①产业政策—研究—上海 Ⅳ.①F127.51

中国版本图书馆 CIP 数据核字（2017）第 236518 号

组稿编辑：杨国强

责任编辑：杨国强 张瑞军

责任印制：黄章平

责任校对：王淑卿

出版发行：经济管理出版社
（北京市海淀区北蜂窝 8 号中雅大厦 A 座 11 层 100038）

网 址：www.E-mp.com.cn

电 话：（010）51915602

印 刷：北京晨旭印刷厂

经 销：新华书店

开 本：720mm×1000mm/16

印 张：8

字 数：90 千字

版 次：2017 年 9 月第 1 版 2017 年 9 月第 1 次印刷

书 号：ISBN 978-7-5096-5372-2

定 价：42.00 元

课题主持人

李 平 中国社会科学院数量经济与技术经济研究所所长、研究员

课题组成员

王宏伟 中国科协创新战略研究院研究员

贺 俊 中国社会科学院工业经济研究所研究员

江飞涛 中国社会科学院工业经济研究所副研究员

黄阳华 中国社会科学院工业经济研究所副研究员

董宝奇 中国社会科学院世界经济与政治研究所助理研究员

张 鑫 国务院发展研究中心创新发展研究部助理研究员

前　言

一、当前上海产业政策存在的不足与面临的挑战

面对经济发展的新常态、新一轮科技革命与产业变革、国际贸易投资的新秩序，以及推进供给侧结构性改革的大背景，传统的产业政策模式正受到严峻的挑战，上海迫切需要优化调整其产业政策模式。

"十二五"期间，上海产业政策主要有产业指南和管理办法、产业发展专项规划、产业发展指导意见、产业结构调整措施、产业调控措施、产业发展专项资金及金融扶持措施、行业准入及监管措施7种类型。从对这些产业政策的梳理看，上海推行的产业政策大致沿袭了两条思路：一是服务"节能减排"，二是大力发展服务业。

"十二五"期间，上海市政府及其有关部门出台了超过200项产业政策文件，根据国内外经济发展环境的变化，主动适应新发展阶段，积极引导产业结构升级，取得了显著成效。然而，上海在产业政策的制定和实施中仍然存在一些不足，有待改进。

一是产业政策制定和实施的统筹协调不足，促进产业发展手段单一；

二是产业政策仍存在明显的选择性，"去工业化"趋势正在强化；

三是产业政策缺乏依据产业发展条件变动而进行的动态调整机制；

四是对产业政策的实施效果缺乏审慎评估；

五是产业政策制定较少考虑政策实施的外部效应，与利益相关方相关的会商和补偿机制不足；

六是产业政策仍偏重行政手段，用政府判断代替市场选择。

从供给侧结构性改革的视角看，上海市的产业政策面临着三个方面的严峻挑战：

第一，从国内看，新发展阶段、新常态和供需新平衡带来了新的挑战。上海在比全国更早迈过中等收入陷阱后仍面临传统增长动能失速和寻找新增长动能的挑战。从供给侧结构性改革角度看，上海的产业政策不应仅仅专注于提升服务业或高技术产业的比重，而应更关注公平市场环境的营造和对竞争的鼓励，从而推动劳动生产率持续改善，同时培育更富弹性和活力的供给结构以应对消费结构的迅速升级。

第二，从国际看，反全球化浪潮、世界经济低迷和国际分工贸易格局的迅速变化带来了新的挑战。为积极引领全球结构性改革及有效应对中国经济转型，2015 年，我国提出"一带一路"倡议，上海作为中国最重要的经济中心和交通枢纽也深度参与其中。上海的产业政策面临由局部和区域的视角上升为全球视角的挑战。上海的产业政策应着力于搭建企业"走出去"和"引进来"所需信息的平台，促进新技术、新管理模式的引进，致力于鼓励企业参与全球竞争和利用全球市场使产业达至规模经济。

第三，从技术冲击看，新技术和工业革命的兴起带来了新的挑战。在技术进步的冲击下，全球经济版图和生产组织方式可能出现重大调整，而这种调整的方向具有高度的不确定性。技术路线未来发展的不确定性对选择性的产业政策提出了严峻挑战。政府代替市场选择和支持某种技术路线的发展蕴含了巨大风险。

二、发达国家实施产业政策推进供给体系提质增效的经验

日本、新加坡、德国等发达国家长期以来在供给侧方面实施了一系列的政策，虽然这些政策在本国被称作供给侧政策，但这些政策在推动国民生产体系质量与效率的长期提升方面卓有成效，是持续增强国家竞争能力的重要举措。日本、新加坡、德国的成功经验，对于当前处于经济新常态背景下的上海而言具有重要的借鉴价值。

这些主要措施有：

第一，让注重"效率与质量"成为国民共识。日本和新加坡通过国民运动转变国民观念，让企业、国民充分认识到持续改善（生产）效率与质量的高度重要性，并成功地让社会各阶层都积极参与到提升生产效率和质量的活动中。在德国，对于技术、效率、品质近乎苛刻的追求，早已深入人心，并成为"德国制造"的灵魂。

第二，设置专门机构助推生产力提升。为帮助企业甚至公共部门持续提升效率与质量，日本与新加坡政府专门设立了特定机

构。例如，日本的科学技术联盟、日本生产力中心与日本管理协会；新加坡的生产力中心、生产力促进委员会。德国虽然没有设立专门助推生产力发展的特定机构，但官方设立的全国性德国技术转移中心，半官方性质的弗朗霍夫协会，德国的工业协会、商会，分别为企业提供技术、政策、科技、管理咨询方面的服务，在一定程度上起到了助推企业效率和质量提升的作用。

第三，尤为重视促进中小企业提升生产率。帮助小企业提升技术能力、管理水平、创新能力与产品质量一直是日本、德国、新加坡政府的一项重要政策。

第四，建设高水平的科技大学与高质量的职业教育与培训体系。日本、新加坡、德国都高度重视产业人才培养和人力资本的提升，并将此作为推动国民经济体系效率提升与生产力水平跃升的极为重要的手段，其成效显著。

第五，实施严格的消费者权益保护制度。日本自 20 世纪 70 年代，德国则在更早实施严格的、全方位保护消费者权益的制度体系，这些制度在倒逼企业持续提升产品质量方面具有至关重要的作用。

功能型产业政策是发达国家供给侧政策的主线。20 世纪中叶后，美、英、西德等主要发达国家并没有放弃产业政策，而是调整了产业政策的类型，即更多地实施功能型产业政策。日、韩两国分别在 20 世纪 70 年代、80 年代逐渐退出了选择型产业政策，取而代之以功能型产业政策。2008 年国际金融危机以来，发达国家实施经济结构调整，在制造业领域强化了产业政策的运用。从典型工业化国家产业政策的设计、政策工具选择和实施机制来看，这些政策基本尊重和承袭了功能型产业政策的内核，即旨在构筑可持续的政策框架和服务体系为先进制造企业营造有利的商业环境，加强科技基础设施和公共服务建设全方位优化创新、创业环境等间接手段支持产业创新发展，严格限制将政策资源直接导向特定企业和限制竞争的政策措施。

发达国家实施产业政策促进供给侧提质增效经验，为上海优化调整产业政策提供了以下几点启示：

一是以功能性产业政策推动供给侧提质增效；

二是形成崇尚效率与质量的社会氛围；

三是建设完善的生产力促进体系；

四是构建全市的中小企业评价系统；

五是建立产业技术研究院和全市技术转移中心；

六是高度重视产业技术人才和技能人才的培养；

七是加快推进消费者权益保护制度改革。

三、供给侧结构性改革背景下上海产业政策优化调整的方向与思路

（一）产业政策优化调整的总体方向

一是以实现创新驱动为纲。产业政策应当旨在促进创新型的投资，而不仅仅是生产性的投资，推进企业以科技创新为核心的全面创新，促进企业无形资产的投资和无形资本的形成和增值，创新政策应当在产业政策体系中发挥统领作用。

二是积极推进供给侧结构性改革。产业政策调整优化既是供给侧结构性改革的重要内容，同时供给侧结构性改革也是未来上

海产业政策调整优化的主要基调。产业政策应当与制度改革协调配套，切实解决制约上海制造业创新发展的深层次制度性问题，充分释放市场的内生活力和上海制造业的内生优势。

三是提高产业政策指向精准度。将产业政策切实导向"新技术"、"新产品"的研究开发，将政策资源导向通用技术和技术融合领域，引导市场向创新型而不是生产型领域的投资，是提高上海产业政策精准度的关键。只有将针对新兴产业的结构扶持政策指向通用技术和技术融合，才能使新兴产业的发展最终走出"重复引进和产能过剩"的怪圈。

四是结构性政策与功能性政策全面推进。在优化结构性产业政策对推进创新发展作用的同时，通过完善公共服务体系和技术创新体系，切实提高企业自身的创新能力和合作创新、开放创新能力。产业政策的本质是要将解决激励问题的结构性政策与提升能力的功能性政策（主要是公共服务体系建设）有机结合，相互促进。

五是稳增长政策和调结构政策协同优化。在经济增长压力持续加大的情况下，通过保持适度宽松的财政政策，为产业转型升级创造良好的宏观环境，同时通过优先推出、重点推出既有利于保增长又能够促进调结构的产业政策，实现稳增长和调结构的协调推进；同时，稳增长不能破坏产业调整演化的内在机制和规律，产业增长政策要让位于产业发展政策。讨论上海制造业转型升级另一个无法回避的问题是经济增长速度与转变经济发展方式的关系问题。

还需要指出的是，制造业是决定一国和地区长期增长潜力的复杂能力的产业载体，上海产业政策应超越第二、第三产业孰重孰轻之争，以推进制造业创新发展为根本目标之一，加快上海制造业转型升级应该成为未来上海产业发展的主基调；相应地，产业政策的基本取向也应适时从过去以促进制造业做大规模转向切实提升制造业的创新能力特别是原始创新能力方面。

（二）上海产业政策优化调整的基本思路

一是完善公共科技服务体系，弥补制造业创新体系"短板"。从建设更加独立的上海张江综合性国家科学中心和国家实验室、建设全市层面的共性技术研发机构和完善技术扩散机制三个层面着手，完善上海制造业科技服务体系，弥补制造业创新体系的"短板"。

二是构建产业政策工具组合，避免政策选择从一个极端走向另一个极端。根据不同的结构性产业政策工具适用的具体情境，灵活地选择政策工具组合，有效发挥不同政策工具的互补性，而不是过度依赖财政补贴等个别政策工具，是完善上海产业政策工具体系、提高政策科学性和有效性的重要内容。

三是从消费者权益角度制定标准，形成标准倒逼质量提升的机制。以消费者权益倒逼企业技术标准提升，以标准提升倒逼产品质量提升，是上海制造业转型发展的重要机制。

四是切实加强知识产权保护，从根本上激发小微企业和创新创业活力。形成强有力的知识产权保护是实现创新者赚钱效应、驱动制造业转型升级最有力的制度工具。知识产权保护是激励创新的最市场化的、最有效的、成本最低的制度安排。知识产权保护最大的价值不在于保护大企业，而在于真正激发一大批创新型中小企业和高技术创业企业的形成。

五是加强企业信用假设，降低企业融资与社会化管理成本。企业信用体系建设的作用是为将社会资本引导到创新型的企业提供制度基础。关键是切实消除政府部门和垄断部门之间的行政壁垒，实现"信息孤岛"之间的共享互通。与此同时，加强职业经理人信用体系建设，为大量面临接班问题和社会化管理问题的民营企业提供社会化管理和治理的信用基础，促进民营企业二次创业和转型发展。

四、优化调整产业政策的建议

以功能性产业政策优化调整上海市产业政策框架体系。当前，上海以选择性产业政策为主导的产业政策框架体系已不能适应经济新常态以及新一轮产业变革的内在要求，迫切需要将产业政策的重点转移到"为促进技术创新、产业发展与竞争力提升创造有利的市场制度与市场环境"方面。同时，全面深化体制机制改革也需要产业政策由"积极干预"向"加强服务"转变。还需要进一步支持实施以功能性产业政策是推进供给侧结构性改革的内在要求。功能性产业政策应该成为推动供给侧结构性改革进而促进产业转型升级的重要工具。这些都要求上海转为实施以功能性产业政策为主体的产业政策框架体系。构筑功能性产业政策的关键在于理顺市场与政府的关系。对于当前中国及上海而言，构建功能型产业政策，就是要从政府替代市场、干预市场的政策模式，转到增进与扩展市场、弥补市场不足的政策模式上。

为了加快推进供给侧结构性改革，更好地促进上海产业发展与升级，上海应着力优化调整现有产业政策体系，构建实施"以功能性产业政策为主导，在战略性领域辅之以精巧设计、审慎且有限干预、更多地采用功能性政策工具的结构性政策"。具体政策建议如下。

（一）完善产业发展市场制度与优化产业发展环境

首先，完善市场制度与市场环境，充分发挥市场机制的作用。要加快建设与完善市场法制体系，上海在不与现行国家法律抵触的情形下，利用地方立法权，在消费者权益保护、反不正当竞争、公平竞争审查、反行政垄断等领域补充完善相关制度，并进一步规范和完善相应法律的执法体系。完善知识产权保护相关法律体系及其执行机制，以法治建立起严格保护知识产权的长效机制，鼓励并大力支持本地企业利用法律手段维护自身的知识产权。要全面落实和完善负面清单管理，进一步减少行政审批与行政干预。大幅度减少针对企业的非税收收费，降低企业税费负担。其次，建立公平竞争的市场环境。要加快调整产业政策取向，放弃选择性的产业政策。要公平市场准入，完善保护公平竞争环境的法制环境。要公平税负与企业社会责任。

（二）大力发展促进产业发展与创新的公共服务体系

逐步将产业政策资源导向帮扶企业提升技术创新能力和市场竞争能力的公共服务体系建设方面上，既是供给侧结构性改革在产业政策领域的贯彻和深化，也充分体现了后工业化时期上海产业转型升级的内在要求。上海要加快独立的国家实验室建设、共性技术研发机构、技术扩散机构和机制以及综合性中小企业服务机构建设。同时，还应优化公共服务机构的治理模式与营运机制。

（三）优化产业组织与产业生态系统。推动各类技术创新主体的合作，完善产业创新生态

在完善研究型大学和公共科研机构学术研究机制及共性技术开发、管理机制的基础上，加强企业在前沿技术领域的战略部署和项目组织能力。

政策资源配置的重点逐渐由大企业向高技术小微企业转变。借鉴美国和日本 SBIR 项目的经验，按照技术创新生命周期采取分阶段、竞争性、差异化的创新支持方式。

培育产业生态还需构建顺畅的退出机制。一方面要做好援助退出工作，重点做好过剩产能调整中的失业人员的社会保障工作；另一方面做好辅助升级工作，积极支持传统产业企业（尤其是中小企业）对职工进行职业培训，提高劳动者技能，并支持企业组成技术创新与管理创新联盟。

（四）推动制造业与服务业融合发展

对上海而言，制造业与服务业融合发展既是制造业向高技术、高附加值环节转型升级的内在需要，也是大力发展现代生产性服务业的内在需要。

做好顶层设计，建立健全机制。制定《上海市产业融合发展中长期发展战略》，加强产业融合发展运行分析和监管，充分发挥经信委和行业协会的沟通、协调作用，形成产业融合发展的整体氛围。

完善政策体系创造制造业和服务业融合发展的良好生态。建立一体化的产业政策体系，消除服务业和制造业之间在税收、金融、科技、要素价格之间的政策差异，降低交易成本，制定相互协调融合的行业监管、支持政策，形成合力。

加快生产型服务业功能区和公共服务平台建设。加快建设研发设计、物流服务、质量检验检测认证、市场营销、供应链管理等生产性服务公共平台。

完善产业融合项目的产业投融资服务体系。

（五）高度重视先进制造业的发展

先进制造业的发展，一方面为现代服务业的发展、技术进步与创新提供了重要的技术支撑；另一方面先进制造业发展为现代服务业的发展提供了重要的需求空间。在新一轮工业革命中，发达工业国家的政策目光都不仅瞄准技术创新本身，而且高度重视互补性的经济条件和制度建设，精益（先进）制造能力通过终身学习制度建设提升产业工人的技能和知识水平，通过先进制造技术研究所或产业联盟建设加强共性技术的供给，是这些互补性经济条件与制度建设的最为重要的构成。因而，上海应高度重视先进制造业的发展、高度重视先进（精益）制造能力的提升。

加快制定实施上海的"先进制造技术突破和应用计划"，加快推进先进制造技术的推广和扩散。以现代"母工厂"建设为抓手，推进上海先进制造技术和设备应用能力的提升，以及现代生产管理方法的改进与创新。协同推进战略性新兴产业的培育与先进制造技术的发展。

（六） 建设技术创新国际合作平台

建设"国家科技创新国际合作示范基地"可按照"互利共赢、市场主导、全面创新、以人为本和绿色低碳"的原则，着眼于促进高水平的科技创新国际合作，借鉴以市场机制为主导的科技创新模式，完善上海区域创新体系和创新生态，成为上海核心功能优化升级的一个新范本。营造面向全球小微企业创业创新发展需求的环境，打造多层次、全方位的国际合作对接平台，建设国际化创新体系、服务体系和全面提升上海整合利用全球高端要素的能力。

（七） 探索多元区域合作，推动长三角产业协同发展。上海产业的转型升级与优化调整，必须以长三角地区产业协同发展为基础

上海则可按照利益共享的原则，与长三角市（县）合作开发、建设高水平的工业园区，围绕工业园区建设，加强高技术成果的产业化能力特别是规划生产能力和产业配套能力，加快传统产能的转移。通过积极发展飞地经济，一方面有效解决上海工业发展面临的土地、资源、环境、物流和人口问题；另一方面促进长三角产业的协同发展。在上海设立"研发飞地"，吸引江苏、浙江及所辖各级政府帮助当地企业在上海设立研发中心，加快壮大上海总部经济及科技创新中心的发展，同时增强江苏和浙江企业、产业的研发能力和技术能力，促进上海科技成果在江苏、浙江两地的转化。

目　录

第一章　上海市产业政策回顾与当前面临的挑战 ……………… 001

第一节　"十二五"时期上海市产业政策回顾 ………… 001

一、产业指南和管理办法 ……………………… 002

二、产业发展专项规划 ………………………… 004

三、产业发展指导意见 ………………………… 006

四、产业结构调整措施 ………………………… 009

五、产业调控措施 ……………………………… 011

六、产业发展专项资金及金融扶持措施 ………… 015

七、行业准入及监管措施 ……………………… 025

第二节　上海市产业政策中存在的问题 ……………… 027

第三节　当前上海市产业政策面临的挑战

——基于供给侧结构性改革的视角 ………… 037

一、供给侧结构性改革的意义 ………………… 037

二、供给侧结构性改革视角下的上海市产业政策

面临的挑战 ………………………………… 044

第二章　国际经验 ·· 051

　　第一节　选择标准 ·· 051

　　第二节　国际经验 ·· 053

　　　　一、推动供给体系提质增效的主要政策措施 ········ 053

　　　　二、功能型产业政策是发达国家供给侧政策的
　　　　　　主线 ·· 060

　　第三节　经验启示 ·· 064

　　　　一、形成崇尚效率与质量的社会氛围 ·············· 064

　　　　二、建设完善的生产力促进体系 ·················· 065

　　　　三、构建全市的中小企业评价系统 ················ 065

　　　　四、建立产业技术研究院和全市技术转移中心 ···· 066

　　　　五、高度重视产业技术人才和技能人才的培养 ···· 067

　　　　六、加快推进消费者权益保护制度改革 ············ 067

**第三章　供给侧结构性改革背景下上海产业政策优化调整的
　　　　　思路与方向** ······································ 069

　　第一节　产业政策优化调整的总体方向 ·············· 069

　　　　一、以实现创新驱动发展为纲 ···················· 069

　　　　二、积极推进供给侧结构性改革 ·················· 070

　　　　三、提高产业政策指向精准度 ···················· 072

　　　　四、结构性政策和功能性政策全面推进 ·········· 073

　　　　五、稳增长政策和调结构政策协同优化 ·········· 075

　　第二节　产业政策优化调整的基本思路 ·············· 077

一、完善公共科技服务体系，弥补制造业创新
体系"短板" ……………………………… 077

二、构建产业政策工具组合，避免政策选择从一个
极端走向另一个极端 ………………………… 078

三、从消费者权益角度制定标准，形成标准倒逼
质量提升的机制 ……………………………… 079

四、切实加强知识产权保护，从根本上激发小微
企业和创新创业活力 ………………………… 080

五、加强企业信用建设，降低企业融资和社会化
管理成本 ……………………………………… 081

第四章　供给侧结构性改革视角下上海市产业政策优化
调整的政策建议 …………………………………… 083

第一节　以功能性产业政策优化调整上海产业政策
框架体系 ……………………………………… 083

一、以选择性产业政策为主导的产业政策框架体系
已不能适应新的形势 ………………………… 083

二、产业政策框架体系的重点迫切需要调整 ……… 085

三、以功能性产业政策推进供给侧结构性
改革 …………………………………………… 087

四、构筑功能性产业政策框架体系的关键与
重点 …………………………………………… 089

第二节　上海市产业政策优化调整的政策建议 ………… 092

一、完善产业发展市场制度与优化产业发展
环境 …………………………………………… 092

二、大力发展促进产业发展与创新的公共服务
体系 ……………………………………… 094

三、优化产业组织与生态系统 ……………… 097

四、推动制造业与服务业融合发展 ………… 100

五、高度重视先进制造业的发展 …………… 102

六、建设技术创新国际合作平台 …………… 104

七、探索多元区域合作，推动长三角产业协同
发展 ……………………………………… 106

第一章
上海市产业政策回顾与当前面临的挑战

第一节 "十二五"时期上海市产业政策回顾

中国的产业政策是典型意义的选择性产业政策。[①] 因此，本书从产业选择视角对"十二五"时期上海市人民政府及以"两委"（上海市发展和改革委员会、上海市经济和信息化委员会）为代表的产业政策制定部门出台的政策文件进行了筛选和梳理，并按照梳理的结果将上海市产业政策划分为 7 种类型：产业指南和管理办法、产业发展专项规划、产业发展指导意见、产业结构调整措施、产业调控措施、产业发展专项资金及金融扶持措施、行业准入及监管措施。产业指南和管理办法包括产业指南和产业管理

[①] 江飞涛，李晓萍. 直接干预市场与限制竞争：中国产业政策的取向与根本缺陷 [J]. 中国工业经济，2010（9）：26-36.

办法两类产业发展指导措施。我们按照上述分类依次呈现上海市"十二五"期间产业政策的制定情况，并对每一政策类别涉及的行业分布、文件来源和发布年份做出简要分析。

一、产业指南和管理办法

产业指南和管理办法包括产业指南和产业管理办法两类产业发展指导措施。

进入 21 世纪以来，上海市经济和信息化委员会（以下简称上海市经信委）、上海市发展和改革委员会（以下简称上海市发改委）牵头和相关部门制定了一系列产业指南和产业管理办法，旨在引导和规范产业发展。"十二五"期间，上海市经信委等部门根据国务院部署和上海市发展环境的变化对这些产业指南和管理办法进行了定期修订。

据不完全统计，"十二五"期间，上海市人民政府有关部门至少发布和修订了 5 项产业指南，主要涉及产业结构调整、产业能效规定、产业用地、投资项目核准和管理等方面。这些产业指南是：《上海产业能效指南》、《上海产业结构调整负面清单及能效指南》、《上海重点产业定位指南》、《"十二五"上海淘汰劣势产业导向目录》、《上海产业用地指南》。① 从上述产业指南的具体内容可以看出，上海市制定产业指南的主要目的是指导产业结构调整升级以及降低能耗和污染。

---

① 上海市政府及主要部门的主要网站上无法直接找到产业指南的分类信息，因此，对产业指南的统计可能较不完整。

上海市人民政府及有关部门"十二五"期间出台的产业管理办法文件至少为 7 项，其中包括以上海市人民政府或上海市人民政府办公厅名义发布的 3 项，其他 4 项文件的发布机关均为上海市发改委。从文件涉及的产业来看，包括能源和水资源 2 个行业，其中，涉及能源行业的产业管理办法为 5 项，涉及水资源行业的为 2 项。从细分产业来看，涉及能源行业的产业管理办法包括风电 1 项、电网建设 1 项、分布式发电 1 项和光伏发电 2 项。

从文件来源看，7 项文件中包括"落实国务院相关政策"文件 1 项、"落实部委相关政策"文件 1 项和"地方性政策"文件 5 项。

从文件的发布年份看，2011 年发布 0 项，2012 年发布 1 项，2013 年发布 3 项，2014 年发布 2 项，2015 年发布 1 项，如表 1-1 所示。

表 1-1　上海市人民政府及有关部门"十二五"期间出台的产业管理办法

发布日期	发布机关	文号	文件名称
2012 年 6 月 4 日	上海市发展改革委	沪发改能源 [2012] 100 号	《上海市发展改革委关于印发〈上海市风电开发建设管理暂行办法〉的通知》
2013 年 7 月 19 日	上海市人民政府	沪府发 [2013] 42 号	《市政府关于印发〈上海市电网建设若干规定〉的通知》
2013 年 8 月 12 日	上海市发展改革委	沪发改能源 [2013] 158 号	《上海市发展改革委关于转发〈国家发展改革委关于印发〈分布式发电管理暂行办法〉的通知〉的通知》
2013 年 12 月 5 日	上海市人民政府办公厅	沪府办 [2013] 82 号	《市政府办公厅转发市水务局等制订的〈上海市实施最严格水资源管理制度考核办法〉》
2014 年 1 月 13 日	上海市人民政府	沪府发 [2014] 1 号	《市政府印发上海市实行最严格水资源管理制度加快推进水生态文明建设实施意见》

续表

发布日期	发布机关	文号	文件名称
2014年 10月27日	上海市发展改革委	沪发改能源〔2014〕237号	《关于印发〈上海市光伏发电项目管理办法〉的通知》
2015年 11月19日	上海市发展改革委	沪发改能源〔2015〕156号	《上海市发展和改革委员会关于开展2016年度光伏发电示范应用建设规模申报暨2015年度规模调整工作的通知》

注：①根据上海市人民政府及相关部门主页信息摘录整理；②本表为不完全统计，可能存在遗漏。

二、产业发展专项规划

产业发展专项规划是针对上海市具体产业进行的"十二五"期间或更长期发展规划。

据本书统计，上海市人民政府及有关部门"十二五"期间至少制定了各类"十二五"专项规划共85项，其中，剔除行政类、公益类、科技类、区域类、教育类等非产业类规划，剩余产业发展专项规划共28项。此外，上海市人民政府还制定了至少2项产业发展中长期规划。从文件涉及的产业来看，几乎覆盖了三次产业中的所有重要行业。其中，涉及农业的产业发展专项规划共计4项；涉及工业的共计17项；涉及建筑业的共计1项；涉及服务业的共计19项。①从细分行业来看，专项规划较多涉及的行业是能源和交通。其中，涉及能源发展和节约利用的产业发展专项规划共计7项，涉及交通运输的共计4项。

从文件来源看，所有规划都由上海市人民政府及有关部门制

---

① 有多项规划涉及多个产业，因此，涉及产业总数之和大于产业发展专项规划总数。

定，因此所列 30 项产业发展专项规划文件都应归入"地方性政策"类别。

从文件的发布年份来看，2011 年发布 5 项，2012 年发布 24 项，2013 年发布 1 项，2014 年发布 0 项，2015 年发布 0 项，如表 1-2 所示。

表 1-2 上海市人民政府及有关部门"十二五"期间制定的产业发展专项规划

发布日期	文件名称
2011 年 12 月 15 日	《上海市能源发展"十二五"规划》
2011 年 12 月 15 日	《上海市现代农业"十二五"规划》
2011 年 12 月 27 日	《上海市电力发展"十二五"规划》
2011 年 12 月 27 日	《上海市燃气发展"十二五"规划》
2011 年 12 月 27 日	《上海市新能源发展"十二五"规划》
2012 年 1 月 16 日	《上海市工业发展"十二五"规划》
2012 年 1 月 16 日	《上海市战略性新兴产业发展"十二五"规划》
2012 年 2 月 10 日	《上海市国民经济和社会信息化"十二五"规划》
2012 年 2 月 10 日	《上海市交通运输节能减排"十二五"规划》
2012 年 2 月 22 日	《上海市卫生改革与发展"十二五"规划》
2012 年 2 月 22 日	《上海市住房发展"十二五"规划》
2012 年 3 月 9 日	《上海市旅游业发展"十二五"规划》
2012 年 3 月 14 日	《本市"十二五"能源消费总量控制及提高能效等节能降耗目标分解方案》
2012 年 3 月 28 日	《上海市节能和应对气候变化"十二五"规划》
2012 年 3 月 28 日	《上海市老龄事业发展"十二五"规划》
2012 年 4 月 11 日	《上海市环境保护和生态建设"十二五"规划》
2012 年 4 月 19 日	《上海市综合交通发展"十二五"规划》
2012 年 5 月 11 日	《上海市体育事业与体育产业发展"十二五"规划》
2012 年 5 月 17 日	《上海市现代服务业集聚区发展"十二五"规划》
2012 年 6 月 19 日	《上海市现代物流业发展"十二五"规划》
2012 年 7 月 13 日	《上海市钢铁产业发展"十二五"规划》

发布日期	文件名称
2012 年 7 月 18 日	《上海市服务业发展"十二五"规划》
2012 年 7 月 27 日	《上海市汽车产业"十二五"发展规划》
2012 年 8 月 13 日	《"十二五"上海民航发展纲要》
2012 年 9 月 5 日	《上海市海洋发展"十二五"规划》
2012 年 9 月 28 日	《上海市航空运输"十二五"规划》
2012 年 10 月 31 日	《上海市工业节能与综合利用"十二五"规划》
2012 年 11 月 6 日	《上海市民用航空发动机产业中长期发展规划（2012~2030 年)》
2013 年 8 月 27 日	《上海市食用农产品批发和零售市场发展规划（2013~2020 年)》

注：同表 1-1。

三、产业发展指导意见

产业发展指导意见是指导上海市产业发展的原则性的政策表述。

上海市人民政府及有关部门"十二五"期间出台的产业发展指导意见文件至少 20 项，其中包括以上海市人民政府或上海市人民政府办公厅名义发布的 18 项，此外 2 项的发文机关分别为上海市发改委和上海市经信委等十二部门。从文件涉及的产业看，涵盖了农业、制造业、建筑业和服务业。其中，涉及农业的文件共计 2 项，涉及制造业的共计 1 项，涉及建筑业的共计 1 项，涉及服务业的共计 17 项。[①] 从服务业的细分行业来看，指导意见较多涉及的行业是金融、文化创意、商业流通、交通运输和信息产业。其中，涉及金融和文化创意行业的指导意见各为 3

---

① 有 1 项意见涉及 2 类产业，因此，涉及产业总数之和大于产业发展指导意见总数。

项，涉及商业流通、交通运输和信息产业的指导意见均为 2 项。

从文件来源看，20 项产业发展指导意见文件包括"落实国务院相关政策"文件 7 项、"落实部委相关政策"文件 1 项和"地方性政策"文件 12 项。

从文件的发布年份看，2011 年发布 7 项，2012 年发布 2 项，2013 年发布 3 项，2014 年发布 3 项，2015 年发布 5 项，如表 1-3 所示。

表 1-3 上海市人民政府及有关部门"十二五"期间制定的产业发展指导意见

发布日期	发布机关	文号	政策名称
2011 年 3 月 22 日	上海市人民政府办公厅	沪府办发〔2011〕7 号	《市政府办公厅转发关于促进本市第三方支付产业发展若干意见》
2011 年 3 月 25 日	上海市人民政府办公厅	沪府办发〔2011〕10 号	《上海市人民政府办公厅印发关于促进本市数字出版产业发展若干意见的通知》
2011 年 6 月 16 日	上海市经信委等 12 部门	沪经信都〔2011〕282 号	《上海市经济信息化委等十二部门关于促进上海市创意设计业发展的若干意见》
2011 年 8 月 11 日	上海市人民政府	沪府发〔2011〕47 号	《市政府贯彻国务院加快推进现代农作物种业发展意见的实施意见》
2011 年 9 月 15 日	上海市人民政府办公厅	沪府办发〔2011〕45 号	《市政府办公厅转发市建设交通委等关于"十二五"期间加快推进住宅产业现代化发展节能省地型住宅指导意见》
2011 年 10 月 26 日	上海市人民政府	沪府发〔2011〕68 号	《市政府关于加快本市内河水运发展的意见》
2011 年 11 月 26 日	上海市人民政府办公厅	沪府办发〔2011〕52 号	《市政府办公厅转发市工商局等关于进一步促进广告业发展指导意见》
2012 年 3 月 15 日	上海市人民政府	沪府发〔2012〕26 号	《上海市人民政府印发〈关于本市进一步鼓励软件产业和集成电路产业发展的若干政策〉的通知》

续表

发布日期	发布机关	文号	政策名称
2012 年 4 月 28 日	上海市人民政府办公厅	沪府办发〔2012〕21 号	《市政府办公厅转发市人力资源社会保障局等关于本市鼓励发展家庭服务业指导意见》
2013 年 4 月 26 日	上海市人民政府	沪府发〔2013〕23 号	《市政府关于深化流通体制改革加快流通产业发展的实施意见》
2013 年 8 月 20 日	上海市人民政府办公厅	沪府办〔2013〕52 号	《市政府办公厅转发建设交通委等关于本市进一步推进装配式建筑发展若干意见》
2013 年 9 月 29 日	上海市人民政府办公厅	沪府办发〔2013〕51 号	《市政府办公厅关于本市加快推进家庭农场发展的指导意见》
2014 年 1 月 24 日	上海市人民政府	沪府发〔2014〕3 号	《市政府印发上海市贯彻〈国务院关于促进信息消费扩大内需的若干意见〉行动纲要（2014~2017 年)》
2014 年 8 月 1 日	上海市人民政府办公厅	沪府办发〔2014〕35 号	《市政府办公厅转发市商务委〈关于加快上海商业转型升级提高商业综合竞争力的若干意见〉的通知》
2014 年 8 月 7 日	上海市人民政府	沪府发〔2014〕47 号	《市政府印发关于促进互联网金融产业健康发展若干意见通知》
2015 年 1 月 9 日	上海市人民政府	沪府发〔2015〕1 号	《上海市人民政府关于贯彻〈国务院关于推进文化创意和设计服务与相关产业融合发展的若干意见〉的实施意见》
2015 年 3 月 3 日	上海市人民政府办公厅	沪府办发〔2015〕10 号	《市政府办公厅印发本市贯彻〈国务院关于促进旅游业改革发展的若干意见〉行动计划（2015~2017 年)》
2015 年 3 月 31 日	上海市发展改革委	沪发改经贸〔2015〕5 号	《关于加快本市农产品冷链物流发展的指导意见》
2015 年 7 月 9 日	上海市人民政府	沪府发〔2015〕27 号	《上海市人民政府关于贯彻〈国务院关于加快发展生产性服务业促进产业结构调整升级的指导意见〉的实施意见》

续表

发布日期	发布机关	文号	政策名称
2015 年 8 月 21 日	上海市人民政府办公厅	沪府办发〔2015〕35 号	《市政府办公厅关于延长〈关于本市加快融资性担保行业发展进一步支持和服务中小企业融资的若干意见〉有效期的通知》

注：同表 1-1。

四、产业结构调整措施

产业结构调整措施是从优化整体产业结构角度采取的综合性政策措施。

上海市人民政府及有关部门"十二五"期间出台的产业结构调整措施文件至少为 12 项，其中包括以上海市人民政府或上海市人民政府办公厅名义发布的 9 项，此外 3 项均由上海市经信委和上海市财政局联合印发。从文件涉及的产业来看，几乎每个产业结构调整措施文件都涉及众多行业。其中，综合性的产业结构调整措施文件共计 10 项，针对产能过剩行业的调整措施文件共计 1 项，针对危险化学品行业的调整措施文件共计 1 项。从产业结构调整措施的政策类型来看，包括产业结构调整指导意见 3 项、产业结构调整重点工作安排 4 项、产业结构调整专项资金管理办法 5 项。

从文件来源看，12 项产业结构调整措施文件包括"落实国务院相关政策"文件 2 项和"地方性政策"文件 10 项。

从文件的发布年份看，2011 年发布 1 项，2012 年发布 1 项，2013 年发布 3 项，2014 年发布 3 项，2015 年发布 4 项，如表 1-4 所示。

表 1-4　上海市人民政府及有关部门"十二五"期间制定的产业结构调整措施

发布日期	发布机关	文号	政策名称
2011 年 10 月 18 日	上海市人民政府办公厅	沪府办发〔2011〕51 号	《上海市人民政府办公厅转发市经济信息化委等四部门制订的〈关于推进上海规划产业区块外产业结构调整转型的指导意见〉的通知》
2012 年 4 月 5 日	上海市人民政府办公厅	沪府办发〔2012〕18 号	《上海市人民政府办公厅关于转发市经济信息化委等四部门修订的〈上海市产业结构调整专项补助办法〉的通知》
2013 年 4 月 17 日	上海市人民政府	沪府发〔2013〕22 号	《市政府印发上海市 2013 年产业结构调整重点工作安排》
2013 年 5 月 14 日	上海市人民政府	沪府发〔2013〕33 号	《上海市人民政府印发关于统筹优化全市工业区块布局若干意见的通知》
2013 年 5 月 14 日	上海市人民政府办公厅	沪府办发〔2013〕25 号	《市政府办公厅转发市经济信息化委等制订的上海市危险化学品企业调整专项补助办法》
2014 年 3 月 5 日	上海市人民政府办公厅	沪府办发〔2014〕12 号	《市政府办公厅转发市发展改革委等制订的上海市促进产业结构调整差别电价实施管理办法》
2014 年 3 月 7 日	上海市人民政府办公厅	沪府办发〔2014〕15 号	《市政府办公厅印发 2014 年产业结构调整重点工作安排》
2014 年 3 月 13 日	上海市人民政府办公厅	沪府发〔2014〕18 号	《市政府贯彻国务院关于化解产能严重过剩矛盾的指导意见》
2015 年 2 月 26 日	上海市经济信息化委、市财政局	沪经信规〔2015〕101 号	《上海市经济信息化委、市财政局关于印发〈上海市产业转型升级发展专项资金管理办法〉的通知》
2015 年 4 月 17 日	上海市人民政府办公厅	沪府办〔2015〕31 号	《市政府办公厅关于同意〈上海市 2015 年产业结构调整重点工作安排〉的通知》
2015 年 6 月 16 日	上海市经济信息化委、市财政局	沪经信投〔2015〕221 号	《上海市经济信息化委、市财政局关于印发〈上海市重点技术改造专项支持实施细则〉的通知》
2015 年 11 月 25 日	上海市经济信息化委、市财政局	沪经信技〔2015〕769 号	《上海市经济信息化委、市财政局关于印发〈上海市产业技术创新专项支持实施细则〉的通知》

注：同表 1-1。

五、产业调控措施

产业调控措施是较为具体的产业发展扶持或限制措施，政策文件类型包括涉及产业发展的行动计划、实施意见和工作安排等。

上海市人民政府及有关部门"十二五"期间出台的产业调控措施文件至少 38 项，其中包括以上海市人民政府或上海市人民政府办公厅名义发布的 33 项，此外 5 项的发布机关涵盖上海市发改委、上海市经信委和上海市财政局。从文件涉及的产业来看，涵盖了农业、工业和服务业。其中，涉及农业的文件共计 2 项，涉及工业的共计 22 项，涉及服务业的共计 17 项。[①] 从细分行业看，文件较多涉及的行业是节能环保行业，共计 9 项。

从文件来源看，38 项产业结构调整措施文件包括"落实国务院相关政策"文件 1 项、"地方性政策"文件 35 项和"地方性配套政策"文件 2 项。

从文件的发布年份看，2011 年发布 5 项，2012 年发布 8 项，2013 年发布 8 项，2014 年发布 8 项，2015 年发布 9 项，如表 1-5 所示。

表 1-5　上海市人民政府及有关部门"十二五"期间制定的产业调控措施

发布日期	发布机关	文号	文件名称
2011 年 1 月 6 日	上海市发展改革委	沪发改高技〔2011〕002 号	《关于推进上海国家高技术服务产业基地建设有关工作的通知》

[①] 有多项措施涉及多个产业，因此，涉及产业总数之和大于措施总数。

发布日期	发布机关	文号	文件名称
2011 年 2 月 1 日	上海市人民政府办公厅	沪府办发〔2011〕6 号	《市政府办公厅印发本市贯彻〈国务院办公厅关于进一步做好房地产市场调控工作有关问题的通知〉实施意见》
2011 年 4 月 18 日	上海市人民政府	沪府发〔2011〕13 号	《市政府关于开展服务业综合改革试点工作的通知》
2011 年 4 月 18 日	上海市人民政府办公厅	沪府办发〔2011〕14 号	《市政府办公厅印发关于促进上海电影产业繁荣发展实施意见的通知》
2011 年 4 月 29 日	上海市人民政府办公厅	沪府办发〔2011〕16 号	《市政府办公厅关于开展 2011 年粮食稳定增产行动的实施意见》
2012 年 2 月 22 日	上海市人民政府	沪府发〔2012〕13 号	《上海市人民政府关于实施上海市 2012~2014 年环境保护和建设三年行动计划的决定》
2012 年 3 月 2 日	上海市人民政府办公厅	沪府办发〔2012〕2 号	《市政府办公厅印发 2012~2014 年环境保护和建设三年行动计划》
2012 年 3 月 13 日	上海市人民政府	沪府发〔2012〕18 号	《市政府印发本市"十二五"能源消费总量控制及提高能效等节能降耗目标分解方案》
2012 年 3 月 30 日	上海市人民政府	沪府发〔2012〕26 号	《市政府印发关于进一步鼓励软件产业和集成电路产业发展若干政策》
2012 年 3 月 30 日	上海市人民政府办公厅	沪府办发〔2012〕13 号	《市政府办公厅转发市农委关于促进本市农业机械化和农机工业又好又快发展实施意见的通知》
2012 年 5 月 11 日	上海市人民政府办公厅	沪府办发〔2012〕25 号	《市政府办公厅关于加快发展体育产业的实施意见》
2012 年 7 月 13 日	上海市人民政府办公厅	沪府办发〔2012〕42 号	《市政府办公厅贯彻国务院办公厅关于进一步促进道路运输行业健康稳定发展通知的实施意见》
2012 年 12 月 28 日	上海市人民政府办公厅	沪府办发〔2012〕73 号	《市政府办公厅转发市发展改革委等制订的〈上海市鼓励私人购买和使用新能源汽车试点实施暂行办法〉》
2013 年 2 月 27 日	上海市人民政府办公厅	沪府办发〔2013〕6 号	《市政府办公厅转发市卫生局等关于进一步促进本市社会医疗机构发展实施意见》
2013 年 4 月 17 日	上海市人民政府	沪府发〔2013〕21 号	《市政府印发 2013 年节能减排和应对气候变化重点工作安排》

续表

发布日期	发布机关	文号	文件名称
2013年6月8日	上海市人民政府办公厅	沪府办发〔2013〕35号	《市政府办公厅印发关于本市降低流通费用提高流通效率实施意见的通知》
2013年7月31日	上海市人民政府	沪府发〔2013〕49号	《市政府印发上海市"十二五"期间（2013~2015年）深化医药卫生体制改革实施方案》
2013年8月22日	上海市人民政府办公厅	沪府办发〔2013〕48号	《市政府办公厅印发本市贯彻〈国务院办公厅关于金融支持经济结构调整和转型升级的指导意见〉实施方案》
2013年11月15日	上海市人民政府	沪府发〔2013〕83号	《市政府印发上海市清洁空气行动计划（2013~2017）》
2013年11月22日	上海市人民政府办公厅	沪府办发〔2013〕65号	《市政府办公厅印发上海市贯彻〈国务院关于促进光伏产业健康发展的若干意见〉实施方案》
2013年12月2日	上海市人民政府办公厅	沪府办发〔2013〕66号	《市政府办公厅转发市发展改革委等〈关于进一步加大力度推进燃煤（重油）锅炉和窑炉清洁能源替代工作的实施意见〉》
2014年1月3日	上海市经济信息化委、市财政局、市发展改革委	沪经信法〔2013〕878号	《上海市经济信息化委、市财政局、市发展改革委关于印发〈上海市集成电路高端装备制造企业认定管理办法〉的通知》
2014年1月26日	上海市人民政府办公厅	沪府办发〔2014〕5号	《市政府办公厅关于转发市科委等制订的上海市生物医药产业发展行动计划（2014~2017年)》
2014年3月5日	上海市人民政府办公厅	沪府办发〔2014〕9号	《市政府办公厅转发市卫生计生委等制订的上海市进一步加快中医药事业发展三年行动计划（2014~2016年)》
2014年3月11日	上海市人民政府	沪府发〔2014〕17号	《市政府印发2014年节能减排和应对气候变化重点工作安排》
2014年5月20日	上海市人民政府办公厅	沪府办发〔2014〕21号	《市政府办公厅关于转发市发展改革委等六部门制订的上海市鼓励购买和使用新能源汽车暂行办法》
2014年5月29日	上海市人民政府办公厅	沪府办发〔2014〕23号	《市政府办公厅印发市交通委等六部门制订的〈关于进一步加强黄标车和老旧车辆环保治理的实施方案〉的通知》

续表

发布日期	发布机关	文号	文件名称
2014 年 6 月 24 日	上海市人民政府办公厅	沪府办发 ［2014］28 号	《市政府办公厅转发市安全监管局制订的〈上海市禁止、限制和控制危险化学品目录（第二批）〉》
2014 年 9 月 29 日	上海市人民政府办公厅	沪府办发 ［2014］51 号	《市政府办公厅转发市交通委等制订的〈上海市在用非营业性客车额度管理试行办法〉》
2015 年 1 月 7 日	上海市发展改革委	沪发改环资 ［2015］1 号	《上海市发展改革委、上海市财政局关于印发〈上海市循环经济发展和资源综合利用专项扶持办法（2014 年修订版）〉的通知》
2015 年 3 月 30 日	上海市发展改革委	沪发改环资 ［2015］41 号	《关于印发上海市 2015 年节能减排和应对气候变化重点工作安排的通知》
2015 年 4 月 21 日	上海市人民政府办公厅	沪府办发 ［2015］18 号	《市政府办公厅关于转发市交通委等三部门制订的〈2015 年本市推进高污染车辆环保治理工作方案〉的通知》
2015 年 4 月 22 日	上海市人民政府办公厅	沪府办发 ［2015］20 号	《市政府办公厅关于印发上海市 2015~2017 年国家现代农业示范区建设三年行动计划的通知》
2015 年 7 月 28 日	上海市人民政府办公厅	沪府办发 ［2015］32 号	《市政府办公厅印发〈关于促进本市跨境电子商务发展的若干意见〉》
2015 年 8 月 14 日	上海市人民政府办公厅	沪府办发 ［2015］34 号	《市政府办公厅关于延长〈关于进一步促进本市注册会计师行业加快发展的实施意见〉有效期的通知》
2015 年 8 月 21 日	上海市人民政府办公厅	沪府办发 ［2015］36 号	《市政府办公厅转发市经济信息化委〈关于上海加快发展智能制造助推全球科技创新中心建设的实施意见〉的通知》
2015 年 12 月 17 日	上海市发展和改革委	沪发改社 ［2015］86 号	《关于做好本市市级体育产业联系点有关工作的通知》
2016 年 1 月 7 日	上海市人民政府办公厅	沪府办发 ［2015］52 号	《市政府办公厅关于印发〈上海市加快促进服务贸易发展行动计划（2016~2018）〉的通知》

注：同表 1-1。

六、产业发展专项资金及金融扶持措施

产业发展专项资金及金融扶持措施是为扶持产业发展或补偿产业退出所设立的专项资金、财政补贴和金融扶持措施等各类财政金融政策手段。

上海市人民政府及有关部门"十二五"期间出台的产业发展专项资金及金融扶持措施文件至少98项,其中包括以上海市人民政府或上海市人民政府办公厅名义发布的6项,其余92项中,除1项由上海市经信委和上海市财政局联合发布、4项发布机关和文号不详外,其余87项的发布机关均为上海市发改委。从政策手段来看,涉及专项资金使用的文件为88项,涉及财政补贴的文件为8项,涉及金融扶持措施的文件为2项。从文件涉及的产业来看,涵盖了工业、建筑业和服务业。其中,涉及工业的文件共计70项,涉及建筑业的共计2项,涉及服务业的共计69项。①从细分行业来看,文件涉及最多的行业是节能环保行业,共计47项。

从文件来源看,98项产业发展专项资金及金融扶持措施文件包括"落实国务院相关政策"文件1项、"落实部委相关政策"文件9项、"地方性政策"文件25项和"地方性配套政策"文件63项。

从文件的发布年份看,2011年发布12项,2012年发布24项,2013年发布18项,2014年发布21项,2015年发布23项,如表1-6所示。

---

① 有多项措施涉及多个产业,因此,涉及产业总数之和大于措施总数。

表 1-6 上海市人民政府及有关部门"十二五"期间制定的产业发展
专项资金及金融扶持措施

发布日期	发布机关	文号	文件名称
2011 年 1 月 5 日	上海市发展和改革委	沪发改环资 [2011] 002 号	《上海市发展改革委关于组织申报2011 年循环经济发展和资源综合利用财政补贴项目（第一批）的通知》
2011 年 2 月 4 日	上海市发展和改革委	沪发改高技 [2011] 008 号	《上海市发展改革委关于转发〈国家发展改革委办公厅 国家中医药管理局办公室关于 2010 年现代中药高技术产业发展专项项目的批复〉的通知》
2011 年 4 月 8 日	上海市发展和改革委	沪发改环资 [2011] 037 号	《上海市发展改革委关于下达本市2011 年节能减排专项资金安排计划（第一批）的通知》
2011 年 6 月 10 日	上海市政府办公厅	沪府办发 [2011] 23 号	《市政府办公厅转发市发展改革委等关于延长实施高效照明产品地方财政配套补贴政策意见》
2011 年 6 月 17 日	上海市发展和改革委	沪发改环资 [2011] 061 号	《上海市发展改革委关于下达本市2011 年节能减排专项资金使用计划（第二批）的通知》
2011 年 7 月 14 日	上海市发展和改革委	沪发改环资 [2011] 072 号	《关于下达本市 2011 年节能减排专项资金使用计划（第三批）的通知》
2011 年 7 月 25 日	上海市发展和改革委	沪发改环资 [2011] 073 号	《关于印发〈上海市节能降耗和应对气候变化基础工作及能力建设资金使用管理办法〉的通知》
2011 年 8 月 9 日	上海市发展和改革委	沪发改环资 [2011] 092 号	《上海市发展改革委关于组织申报2011 年循环经济发展和资源综合利用财政补贴项目（第二批）的通知》
2011 年 8 月 10 日	上海市发展和改革委	沪发改环资 [2011] 094 号	《关于下达本市 2011 年节能减排专项资金使用计划（第四批）的通知》
2011 年 9 月 9 日	上海市发展和改革委	沪发改能源 [2011] 107 号	《上海市发展改革委关于组织申报2011 年可再生能源和新能源发展市级专项扶持资金和编制 2012 年扶持资金使用计划的通知》
2011 年 9 月 14 日	上海市发展和改革委	沪发改环资 [2011] 106 号	《关于下达本市 2011 年节能减排专项资金使用计划（第五批）的通知》
2011 年 10 月 31 日	上海市发展和改革委	沪发改环资 [2011] 125 号	《上海市发展改革委关于下达本市2011 年节能减排专项资金使用计划（第六批）的通知》

续表

发布日期	发布机关	文号	文件名称
2012 年 1 月 16 日	上海市政府	沪府发〔2012〕3 号	《市政府印发新型墙体材料专项基金征收使用管理实施办法》
2012 年 4 月 11 日	—	—	《上海市服务业发展引导资金使用和管理办法》
2012 年 6 月 12 日	上海市发展和改革委	沪发改环资〔2012〕050 号	《关于下达本市 2012 年节能减排专项资金安排计划（第一批）的通知》
2012 年 6 月 19 日	上海市政府办公厅	沪府办发〔2012〕36 号	《市政府办公厅转发市发改委等制订的燃煤（重油）锅炉清洁能源替代工作方案和专项资金扶持办法通知》
2012 年 7 月 9 日	上海市发展和改革委	沪发改环资〔2012〕068 号	《上海市发展改革委关于组织申报 2012 年循环经济发展和资源综合利用财政补贴项目（第一批）的通知》
2012 年 8 月 4 日	上海市发展和改革委	沪府发〔2012〕72 号	《市政府批转市发展改革委等制订的上海市战略性新兴产业发展专项资金管理办法》
2012 年 8 月 6 日	上海市发展和改革委	沪发改环资〔2012〕088 号	《关于印发〈上海市建筑节能项目专项扶持办法〉的通知》
2012 年 8 月 10 日	上海市发展和改革委	沪发改环资〔2012〕087 号	《关于下达本市 2012 年节能减排专项资金安排计划（第二批）的通知》
2012 年 9 月 12 日	上海市发展和改革委	沪发改环资〔2012〕105 号	《关于下达本市 2012 年节能减排专项资金安排计划（第三批）的通知》
2012 年 9 月 24 日	上海市发展和改革委	沪发改能源〔2012〕160 号	《上海市发展改革委关于组织申报 2012 年可再生能源和新能源发展市级专项扶持资金和编制 2013 年扶持资金使用计划的通知》
2012 年 9 月 26 日	—	—	《关于印发〈上海市战略性新兴产业发展专项资金——电子商务与新型贸易现代化专项工程实施管理细则〉的通知》
2012 年 10 月 9 日	上海市发展和改革委	沪发改环资〔2012〕132 号	《关于下达本市 2012 年节能减排专项资金安排计划（第四批）的通知》
2012 年 11 月 6 日	上海市发展和改革委	沪发改环资〔2012〕141 号	《关于下达本市 2012 年节能减排专项资金安排计划（第五批）的通知》
2012 年 11 月 16 日	上海市发展和改革委	沪发改环资〔2012〕162 号	《关于下达本市 2012 年节能减排专项资金安排计划（第六批）的通知》

续表

发布日期	发布机关	文号	文件名称
2012年11月19日	上海市发展和改革委	沪发改高技〔2012〕124号	《关于印发〈上海市战略性新兴产业发展专项资金高技术服务业专项工程实施管理细则〉的通知》
2012年11月22日	上海市发展和改革委	沪发改环资〔2012〕164号	《关于下达本市2012年节能减排专项资金安排计划（第七批）的通知》
2012年11月29日	上海市发展和改革委	沪发改环资〔2012〕171号	《关于下达本市2012年节能减排专项资金安排计划（第八批）的通知》
2012年12月3日	上海市发展和改革委	沪发改环资〔2012〕175号	《关于下达本市2012年节能减排专项资金安排计划（第九批）的通知》
2012年12月7日	上海市发展和改革委	沪发改环资〔2012〕178号	《关于下达本市2012年节能减排专项资金安排计划（第十批）的通知》
2012年12月10日	上海市政府办公厅	沪府办发〔2012〕66号	《市政府办公厅转发市商务委等制订的促进服务外包产业发展专项资金使用和管理办法》
2012年12月13日	上海市发展和改革委	沪发改环资〔2012〕190号	《关于下达本市2012年节能减排专项资金安排计划（第十一批）的通知》
2012年12月17日	上海市发展和改革委	发改高技〔2012〕127号	《关于转发〈国家发展改革委办公厅关于组织实施2012年高技术服务业研发及产业化专项的通知〉的通知》
2012年12月28日	上海市发展和改革委	沪发改高技〔2012〕138号	《上海市发展改革委关于转发国家四部委办公厅〈关于组织实施2013年蛋白类生物药和疫苗发展专项、通用名化学药发展专项的补充通知〉的通知》
2013年1月9日	上海市发展和改革委	沪发改高技〔2013〕003号	《关于转发〈国家发展改革委办公厅关于组织实施2013年海洋工程装备研发及产业化专项的通知〉的通知》
2013年1月25日	上海市经济信息化委、市财政局	沪经信法〔2012〕965号	《上海市经济信息化委、市财政局关于印发〈上海市软件和集成电路产业发展专项资金管理办法〉的通知》
2013年1月25日	上海市政府	沪府发〔2013〕3号	《市政府印发修订后的上海市服务业发展引导资金使用和管理办法》
2013年2月1日	上海市发展和改革委	沪发改高技〔2013〕014号	《关于印发〈2013年度上海市战略性新兴产业发展专项资金高技术服务业专项工程项目申报指南〉的通知》
2013年2月5日	上海市发展和改革委	沪发改环资〔2013〕016号	《关于下达本市2013年节能减排专项资金安排计划（第一批）的通知》

续表

发布日期	发布机关	文号	文件名称
2013 年 2 月 5 日	上海市发展和改革委	沪发改服务〔2013〕004 号	《上海市服务业发展引导资金评审小组办公室关于开展 2013 年度本市服务业重大示范项目申报的通知》
2013 年 2 月 25 日	上海市发展和改革委	沪发改服务〔2013〕005 号	《上海市服务业发展引导资金评审小组关于印发〈2013 年度上海市服务业发展引导资金项目申报指南〉的通知》
2013 年 3 月 11 日	上海市发展和改革委	沪发改高技〔2013〕024 号	《上海市发展改革委关于转发国家发展改革委等三部委办公厅〈关于组织实施 2013 年智能制造装备发展专项的通知〉的通知》
2013 年 3 月 14 日	上海市发展和改革委	沪发改高技〔2013〕027 号	《上海市发展改革委关于转发国家四部委办公厅〈关于组织 2013 年高性能医学诊疗设备专项的通知〉的通知》
2013 年 3 月 29 日	上海市政府办公厅	沪府办发〔2013〕14 号	《市政府办公厅转发市发改委等制订的天然气分布式供能系统和燃气空调发展专项扶持办法》
2013 年 4 月 12 日	上海市发展和改革委	沪发改环资〔2013〕050 号	《关于下达本市 2013 年节能减排专项资金安排计划（第二批）的通知》
2013 年 5 月 13 日	上海市发展和改革委	沪发改环资〔2013〕069 号	《关于下达本市 2013 年节能减排专项资金安排计划（第三批）的通知》
2013 年 7 月 17 日	上海市发展和改革委	沪发改环资〔2013〕093 号	《关于下达本市 2013 年节能减排专项资金安排计划（第五批）的通知》
2013 年 7 月 19 日	上海市发展和改革委	沪发改环资〔2013〕110 号	《关于下达本市 2013 年节能减排专项资金安排计划（第六批）的通知》
2013 年 9 月 27 日	上海市发展和改革委	沪发改环资〔2013〕140 号	《上海市发展改革委关于组织申报 2013 年循环经济发展和资源综合利用财政补贴项目的通知》
2013 年 10 月 8 日	上海市发展和改革委	沪发改环资〔2013〕142 号	《关于下达本市 2013 年节能减排专项资金安排计划（第八批）的通知》
2013 年 11 月 28 日	上海市发展和改革委	沪发改环资〔2013〕171 号	《关于下达本市 2013 年节能减排专项资金安排计划（第十批）的通知》
2013 年 12 月 3 日	上海市发展和改革委	沪发改环资〔2013〕176 号	《关于下达本市 2013 年节能减排专项资金安排计划（第十一批）的通知》
2013 年 12 月 11 日	上海市发展和改革委	沪发改环资〔2013〕179 号	《关于下达本市 2013 年节能减排专项资金安排计划（第十二批）的通知》

续表

发布日期	发布机关	文号	文件名称
2014 年 1 月 21 日	上海市发展和改革委	沪发改环资 [2014] 10 号	《关于下达本市 2014 年节能减排专项资金安排计划 (第一批) 的通知》
2014 年 1 月 26 日	上海市发展和改革委	沪发改服务 [2014] 003 号	《上海市服务业发展引导资金评审小组关于印发〈2014 年度上海市服务业发展引导资金项目申报指南〉的通知》
2014 年 1 月 29 日	上海市发展和改革委	沪发改服务 [2014] 4 号	《上海市服务业发展引导资金评审小组办公室关于开展 2014 年度本市服务业重大示范项目申报的通知》
2014 年 4 月 4 日	上海市发展和改革委	沪发改能源 [2014] 73 号	《上海市发展和改革委员会关于开展 2014 年度分布式光伏发电示范应用建设规模申报工作的通知》
2014 年 4 月 21 日	上海市发展和改革委	沪发改能源 [2014] 87 号	《关于印发〈上海市可再生能源和新能源发展专项资金扶持办法〉的通知》
2014 年 4 月 25 日	上海市发展和改革委	沪发改环资 [2014] 56 号	《关于下达本市 2014 年节能减排专项资金安排计划 (第二批) 的通知》
2014 年 4 月 28 日	上海市发展和改革委	沪发改能源 [2014] 91 号	《上海市发展改革委关于组织申报 2014 年可再生能源和新能源发展专项资金扶持项目的通知》
2014 年 6 月 10 日	上海市发展和改革委	沪发改环资 [2014] 97 号	《关于下达本市 2014 年节能减排专项资金安排计划 (第三批) 的通知》
2014 年 7 月 1 日	上海市发展和改革委	沪发改能源 [2014] 161 号	《上海市发展和改革委员会关于下达 2014 年度分布式光伏发电年度新增建设规模的通知》
2014 年 8 月 8 日	上海市发展和改革委	沪发改环资 [2014] 130 号	《关于印发〈上海市 "城市矿产" 示范基地建设中央补助资金拨付管理办法〉的通知》
2014 年 8 月 12 日	上海市发展和改革委	沪发改环资 [2014] 140 号	《关于下达本市 2014 年节能减排专项资金安排计划 (第五批) 的通知》
2014 年 9 月 18 日	上海市发展和改革委	沪发改环资 [2014] 155 号	《关于下达本市 2014 年节能减排专项资金安排计划 (第七批) 的通知》
2014 年 9 月 24 日	上海市发展和改革委	沪发改环资 [2014] 157 号	《关于下达本市 2014 年节能减排专项资金安排计划 (第八批) 的通知》

续表

发布日期	发布机关	文号	文件名称
2014 年 9 月 25 日	上海市发展和改革委	沪发改能源〔2014〕219 号	《上海市发展改革委关于组织申报 2015 年可再生能源和新能源发展专项资金使用计划的通知》
2014 年 10 月 29 日	上海市发展和改革委	沪发改环资〔2014〕173 号	《关于下达本市 2014 年节能减排专项资金安排计划（第九批）的通知》
2014 年 11 月 4 日	上海市发展和改革委	沪发改能源〔2014〕244 号	《上海市发展改革委关于组织开展 2014 年下半年可再生能源和新能源发展专项资金扶持项目申报工作的通知》
2014 年 11 月 27 日	上海市发展和改革委	沪发改环资〔2014〕189 号	《关于下达本市 2014 年节能减排专项资金安排计划（第十一批）的通知》
2014 年 12 月 2 日	上海市发展和改革委	沪发改高技〔2014〕99 号	《上海市发展改革委关于转发〈国家发展改革委办公厅关于组织申报城市轨道交通创新能力建设专项的通知〉的通知》
2014 年 12 月 3 日	上海市发展和改革委	沪发改环资〔2014〕195 号	《关于下达本市 2014 年节能减排专项资金安排计划（第十二批）的通知》
2014 年 12 月 16 日	上海市发展和改革委	沪发改财金〔2014〕49 号	《关于印发〈上海市天使投资引导基金管理实施细则〉的通知》
2014 年 12 月 16 日	上海市发展和改革委	沪发改环资〔2014〕199 号	《上海市发展改革委关于组织申报 2014 年循环经济发展和资源综合利用财政补贴项目的通知》
2015 年 1 月 16 日	上海市发展和改革委	沪发改环资〔2015〕5 号	《关于下达本市 2015 年节能减排专项资金安排计划（第一批）的通知》
2015 年 1 月 23 日	上海市发展和改革委	沪发改环资〔2015〕9 号	《关于下达本市 2015 年节能减排专项资金安排计划（第二批）的通知》
2015 年 2 月 10 日	上海市发展和改革委	沪发改服务〔2015〕4 号	《上海市服务业发展引导资金评审小组办公室关于开展 2015 年度本市服务业重大示范项目申报的通知》
2015 年 2 月 26 日	—	—	《上海市可再生能源和新能源发展专项资金扶持办法》
2015 年 2 月 26 日	—	—	《上海市天然气分布式供能系统和燃气空调发展专项扶持办法》
2015 年 3 月 12 日	上海市发展和改革委	沪发改环资〔2015〕36 号	《关于下达本市 2015 年节能减排专项资金安排计划（第三批）的通知》

续表

发布日期	发布机关	文号	文件名称
2015 年 3 月 29 日	上海市发展和改革委	沪发改能源 [2015] 52 号	《上海市发展改革委关于组织开展 2015 年可再生能源和新能源发展专项资金扶持项目（第一批）申报工作的通知》
2015 年 4 月 14 日	上海市发展和改革委	沪发改环资 [2015] 48 号	《关于下达本市 2015 年节能减排专项资金安排计划（第四批）的通知》
2015 年 5 月 7 日	上海市发展和改革委	沪发改环资 [2015] 65 号	《关于下达本市 2015 年节能减排专项资金安排计划（第五批）的通知》
2015 年 5 月 24 日	上海市发展和改革委	沪发改能源 [2015] 93 号	《上海市发展改革委关于公布 2015 年第一批可再生能源和新能源发展专项资金奖励目录的通知》
2015 年 6 月 4 日	上海市发展和改革委	沪发改环资 [2015] 93 号	《关于下达本市 2015 年节能减排专项资金安排计划（第六批）的通知》
2015 年 6 月 23 日	上海市发展和改革委	沪发改环资 [2015] 102 号	《关于下达本市 2015 年节能减排专项资金安排计划（第七批）的通知》
2015 年 7 月 6 日	上海市发展和改革委	沪发改能源 [2015] 108 号	《上海市发展和改革委员会关于下达 2015 年度光伏发电建设实施方案的通知》
2015 年 7 月 28 日	上海市发展和改革委	沪发改环资 [2015] 117 号	《关于下达本市 2015 年节能减排专项资金安排计划（第八批）的通知》
2015 年 8 月 13 日	上海市发展和改革委	沪发改能源 [2015] 116 号	《上海市发展改革委关于组织开展 2015 年可再生能源和新能源发展专项资金扶持项目（第二批）申报工作的通知》
2015 年 8 月 17 日	上海市发展和改革委	沪发改环资 [2015] 123 号	《上海市发展改革委关于组织申报 2015 年循环经济发展和资源综合利用财政补贴项目的通知》
2015 年 9 月 28 日	上海市发展和改革委	沪发改环资 [2015] 143 号	《关于下达本市 2015 年节能减排专项资金安排计划（第九批）的通知》
2015 年 9 月 30 日	上海市发展和改革委	沪发改能源 [2015] 139 号	《上海市发展改革委关于公布 2015 年第二批可再生能源和新能源发展专项资金奖励目录的通知》
2015 年 10 月 29 日	上海市发展和改革委	沪发改环资 [2015] 151 号	《关于下达本市 2015 年节能减排专项资金安排计划（第十批）的通知》

续表

发布日期	发布机关	文号	文件名称
2015年11月25日	上海市发展和改革委	沪发改能源〔2015〕159号	《上海市发展改革委关于组织开展2015年可再生能源和新能源发展专项资金扶持项目（第三批）申报工作的通知》
2015年12月8日	上海市发展和改革委	沪发改环资〔2015〕166号	《关于下达本市2015年节能减排专项资金安排计划（第十一批）的通知》
2015年12月10日	上海市发展和改革委	沪发改能源〔2015〕166号	《上海市发展改革委、上海市财政局关于开展分布式光伏"阳光贷"有关工作的通知》
2016年1月29日	上海市发展和改革委	沪发改能源〔2016〕13号	《上海市发展改革委关于公布2015年第三批可再生能源和新能源发展专项资金奖励目录的通知》

注：①同表1-11。
②根据相关官网公示信息，部分资金计划批数不完整，中间存在空缺。

上海市政府还对重点的产业发展专项资金的分配和使用情况进行了公示，本书将"十二五"期间的这些专项资金的关键公示信息进行了汇总（见表1-7~表1-10）。上海市"十二五"期间的两项重点产业发展专项资金为"上海市服务业发展引导资金"和"上海市节能减排专项资金"。"十二五"期间，上海市政府对这两项专项资金的投入快速增长。

表1-7　上海市"十二五"期间"节能减排专项资金"的分配情况

单位：万元

编号	项目类别	2011年	2012年	2013年	2014年	2015年
1	可再生能源利用和新能源开发	7019.3	7517	2690	1269.8	589
2	淘汰落后生产能力	47443	54914	53714	40556.2	60616
3	节能减排技术改造	14395.7	8524	3968	1403.9	2446
4	合同能源管理	1097.7	4081	1911	1828.7	—
5	建筑交通节能减排	13065.2	12733	7221	25573.8	25191

续表

编号	项目类别	2011 年	2012 年	2013 年	2014 年	2015 年
6	清洁生产	2800	3148	2032	1469	1314
7	水污染减排	8024.9	12710	14813	22525.1	25667
8	大气污染减排	12410.4	25548	96520	129063.4	87438
9	循环经济发展	12746	11044	11034	9437	12017
10	生活垃圾分类减量	—	6526	7253	—	12892
11	节能减排产品推广及管理能力建设	17638.3	10824	7105	16401.6	106701
12	市政府确定的其他用途	2086.5	—	16000	16000	16000
	合计	138726.9	157569	224261	265528.5	350871

注：①根据上海市人民政府主页信息摘录整理。
②"—"表示本年度不存在该分类项目。

表 1-8   上海市"十二五"期间"可再生能源和新能源发展专项资金"
（隶属节能减排专项资金）分配情况

年份	分配金额（万元）	项目数
2011	—	—
2012	—	—
2013	—	—
2014	1269.8	4
2015	589.3	8

注：同表 1-6。

表 1-9   上海市"十二五"期间"分布式供能系统和燃气空调发展扶持专项资金"
（隶属节能减排专项资金）分配情况

年份	分配金额（万元）	项目数
2011	—	—
2012	—	—
2013	—	—
2014	2875.5	11
2015	1230.68	11

注：同表 1-6。

表 1–10　上海市"十二五"期间"服务业发展引导资金"分配情况

年份	分配金额（万元）	项目数
2011	15550	105
2012	17665	121
2013	25670	200
2014	28993	230
2015	34849.23	247

注：同表 1–6。

2011 年，"上海市节能减排专项资金"总额为 138726.9 万元；2015 年则为 350871 万元，增长 1.53 倍，"十二五"期间年均增长率为 26.1%。其中，占用资金较多的项目类别为"节能减排产品推广及管理能力建设"、"大气污染减排"和"淘汰落后生产能力"。2015 年，上述三类项目使用资金占资金总额的 72.6%。

2011 年，"上海市服务业发展引导资金"总额为 15550 万元；2015 年则为 34849.23 万元，增长 1.24 倍，"十二五"期间年均增长率为 22.4%。该资金所支持的项目数也由 2011 年的 105 个增长至 2015 年的 247 个，增长 1.35 倍，年均增长率为 23.8%。

七、行业准入及监管措施

行业准入及监管措施是政府为调控和规范产业发展而设立的行业准入条件和行业监管措施。

上海市人民政府及有关部门"十二五"期间出台的行业准入及监管措施文件至少为 3 项，其中包括以上海市人民政府或上海市人民政府办公厅名义发布的 0 项，所有 3 项中，1 项由上海市经信委发布，2 项由上海市发改委发布。从政策手段看，涉及行业准入的文件为 1 项，涉及行业监管措施的文件为 2 项。从文件涉及的产业看，3 项均为工业。从细分行业看，文件涉及的行业分别为高耗能行业、风电设备制造和煤炭行业。

从文件来源看，3 项行业准入及监管措施文件包括 "落实部委相关政策" 文件 2 项和 "地方性政策" 文件 1 项。

从文件的发布年份看，2011 年发布 0 项，2012 年发布 0 项，2013 年发布 0 项，2014 年发布 2 项，2015 年发布 1 项，如表 1-11 所示。

表 1-11 上海市人民政府及有关部门 "十二五" 期间制定的行业准入及监管措施

发布日期	发布机关	文号	文件名称
2014 年 7 月 1 日	上海市发展和改革委	沪发改环资 [2014] 119 号	《关于强化新建高耗能项目能效准入工作的通知》
2014 年 9 月 30 日	上海市发展和改革委	沪发改能源 [2014] 222 号	《上海市发展改革委关于转发〈国家能源局关于规范风电设备市场秩序有关要求的通知〉的通知》
2015 年 4 月 29 日	上海市经济信息化委	沪经信运 [2015] 177 号	《上海市经济信息化委关于贯彻落实〈煤炭经营监管办法〉的通知》

注：同表 1-11。

第二节 上海市产业政策中存在的问题

"十二五"期间，上海市人民政府及有关部门依据国务院、相关部委的顶层设计和统一部署，结合上海发展阶段特征和独特定位，制定了一系列产业发展专项规划、指导意见和保障措施等政策文件，有力地推动了上海的产业结构的转型。总的来看，上海市人民政府及有关部门在"十二五"期间推行的产业政策大致沿袭了两条思路：

一是服务"节能减排"。一方面，上海持续淘汰落后产能，积极创造条件关停或转移高污染、高能耗、高排放的"三高"工业；另一方面，上海加大投资环保力度，发展清洁产业的同时着力改善城市环境质量。

二是大力发展服务业。一方面，上海市有关政府部门制定了大量扶持服务业发展的规划、意见等指导性文件；另一方面，上海市政府还设立了服务业发展引导专项资金，资助了数百个服务业项目。

本书所统计的产业政策文件所涉及行业的分布情况可以佐证上述两条思路的存在。在 208 项产业政策文件中，按照农业、工业、建筑业和服务业划分，文件数量依次为 8 项、120 项、4 项和 122 项。[1] 可以看出，工业和服务业是上海市"十二五"期间

---

[1] 未将"产业结构调整措施"纳入统计，因为这类政策都是综合性的产业政策，所涉及产业众多。

产业政策的聚焦点，而对农业和建筑业则关注较少。从每种文件类型的所涉产业分布来看，20项"产业发展指导意见"中，涉及服务业的有17项，而工业仅为2项；同时，虽然"产业发展专项资金及金融扶持措施"中涉及工业和服务的均为约70项，但是政策的导向和内容显著不同：涉及服务业的多为扶持措施，涉及工业的则多为限制措施，在涉及工业的70项中与节能环保相关的文件多达47项。

从出台文件类别分布看，在本书所收集整理的208项产业政策文件（除产业指南和目录外）中，占比最高的依次是"产业发展专项资金及金融扶持措施"、"产业调控措施"、"产业发展专项规划"和"产业发展指导意见"，这四项之和占所有产业政策文件总数的89%，如图1-1所示。

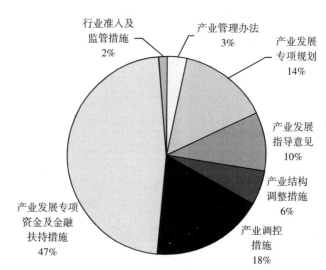

图1-1　上海市"十二五"期间出台产业政策文件类型分布情况

从文件发布单位或牵头单位分布看，本书所统计的所有208项产业政策文件中，由上海市人民政府或上海市人民政府办公厅发布的有 99 项，由上海市发展和改革委员会发布的有 102 项，由上海市经济和信息化委员会发布的有 7 项。[①] 从每种文件类型的发布单位或牵头单位分布来看，上海市人民政府或上海市人民政府办公厅发布的"产业发展专项规划"、"产业发展指导意见"、"产业结构调整措施"和"产业调控措施"4 种类别产业政策文件占据上海发布总量的绝大部分，而上海市发改委则主要发布"产业发展专项资金及金融扶持措施"，总量多达 91 项，占据其所发布产业政策文件的九成。可以看出，上海市政府及办公厅主要发布产业发展的总体规划和指导意见以及综合性的产业结构调整措施，而上海市发改委则主要通过分配专项资金手段扶持产业发展。

从文件来源看，"十二五"期间上海市政府及其相关部门出台的产业政策文件可以划分为 4 类："落实国务院相关政策"、"落实部委相关政策"、"地方性政策"和"地方性配套政策"。这 4 类文件的数量依次为 12 项、13 项、118 项和 65 项。前两类文件可以合称为落实中央政府产业政策文件，占文件总数的 12%；后两类文件则可合称为地方产业政策文件，占文件总数的 88%，如图 1-2 所示。

从文件发布的年份来看，2011~2015 年上海市政府及其相关部门发布的文件数量依次为 30 项、60 项、36 项、39 项和 43 项（见图 1-3）。2012 年由于大量产业发展专项规划的出台导致该年度发布的文件数量远远多于其他年份。倘若不考虑产业发展专项

---

① 这里将"产业发展专项规划"都纳入市政府/办公厅统计，将"产业发展专项资金及金融扶持措施"中 4 项未标明发布机关和文号的文件纳入发改委统计。

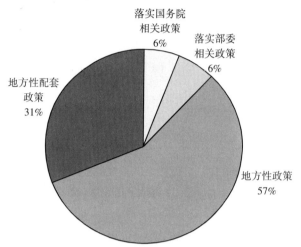

图1-2　上海市"十二五"期间出台产业政策文件来源分布情况

规划的影响，"十二五"期间，上海发布产业政策文件的数量呈现缓慢上升趋势，而产业政策文件的增量主要来自"产业结构调整措施"和"产业调控措施"。

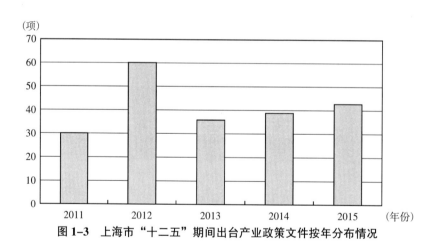

图1-3　上海市"十二五"期间出台产业政策文件按年分布情况

"十二五"期间，上海市政府及其有关部门出台了超过200项产业政策文件，根据国内外经济发展环境的变化，主动适应新发展阶段，积极引导产业结构升级，取得了显著成效。然而，上海在产业政策的制定和实施中仍然存在一些不足，有待改进。

第一，产业政策制定和实施的统筹协调不足，促进产业发展手段单一。上海"十二五"期间的绝大部分产业政策文件是由"上海市人民政府及其办公厅"和"上海市发改委"发布的。前者主要负责发布纲领性的产业发展专项规划和指导意见，后者则主要负责产业发展专项资金的申报和分配。一方面，除上海市经信委和财政局少量参与相关产业政策文件的出台和发布外，其他政府部门较少参与产业政策文件的制定和实施；另一方面，就促进产业发展的具体手段而言，上海依然以专项资金申报分配和财政补贴为主。

第二，产业政策仍存在明显选择性，"去工业化"趋势正在强化。从"十二五"期间上海出台的产业政策文件所涉产业可以看出，上海在这一时期大力推动服务业发展。第三产业占 GDP 比重快速提升，由 2011 年的 57.9%增长至 2015 年的 67.8%，年均增长约 2 个百分点，约为全国同期增速的 2 倍。目前，上海的第三产业占 GDP 比重已超过 70%。与此同时，上海的第一产业和第二产业比重正加速下滑。上海工业发展的失速与上海选择服务业和忽视工业的产业政策存在密切关联。通过选择性的产业政策推动产业结构加速向"更高级的"以服务业为主的类型转变，可能会违背发展的比较优势并带来要素错配和劳动生产率快速下降等问题。在强调服务业的新业态发展的同时，产业政策不应忽视对传统产业特别是制造业的改造升级。

第三，产业政策缺乏依据产业发展条件变动而进行的动态调整机制。"十二五"期间，国内外产业发展条件迅速变化。从国内看，进入"新常态"发展阶段，旧的增长动能已经逐步消失，新的增长动能仍有待培育。从国际看，发达国家提出"再工业化"，后发国家正着力承接劳动密集型产业，中国的产业发展面临"两头挤压"。上海作为中国经济制度改革的重要试验田，产业政策应对国内外产业发展条件变动做出迅速反馈和调整。然而，现行的产业政策仍然相对固化，难以适应产业发展的新需要。

第四，对产业政策的实施效果缺乏审慎评估。"十二五"期间，上海市政府出台了大量产业政策文件，同时投入了许多公共资源用于推进产业发展和结构转型。然而，从上海市政府公开信息看，上海较少对已发布和实施的产业政策的执行效果进行审慎评估。对产业政策实施情况的客观评价有助于中止效果不佳或与预期目标不符的产业政策的执行，从而减少政策错误带来的相关损失；还有助于未来产业政策的制定和改进。

第五，产业政策制定较少考虑政策实施的外部效应，与利益相关方相关的会商和补偿机制不足。产业政策的制定和实施牵涉一系列利益相关方，而现行的产业政策制定过程中较少将利益相关方纳入政策制定的讨论中，从而造成两方面的不利影响：一方面，利益相关方的主张并未在政策制定中得到体现，这会导致政策实施阻力重重，社会矛盾较易激化；另一方面，产业政策制定的最终目的应当是促进社会福利的增加，而不是单单推动某些行业的增加值或其比重的增加，不考虑政策实施的外部效应或者仅从局部均衡角度看待产业发展，可能会对整体经济社会的发展带来负面作用。

第六，产业政策仍偏重行政手段，用政府判断代替市场选择。中共十八大报告提出，让市场在资源配置中起"决定性作用"。目前，我国的市场机制仍不健全。上海虽然相对发展程度较高，但市场机制仍有待完善。同时，上海国有企业占比较高，要素难以自由流动，市场机制的作用受到一定制约。上海"十二五"期间的产业政策除财政、金融等手段外，较多采用准入限制、土地供给和管理办法等行政手段对产业的发展和结构进行调整。短期内，上海通过行政手段实现了产业结构的快速调整、"去产能"任务的完成和生态环境的逐步改善；但在长期中，对行政手段的倚重不利于市场机制的健全和发挥资源配置的决定性作用，政府对产业未来的判断可能会出现偏差，进而导致资源的错配和潜在产出的下降。

从"十二五"期间上海市出台的产业政策梳理结果看，上海产业政策的选择性较为明显。选择性产业政策虽然存在上述的一些问题，但在特定的发展阶段对上海的经济转型和社会发展起到了显著的推进作用，上海制定和实施选择性产业政策至少基于三项合理性考虑。

一是外部环境和发展阶段的要求。上海发展的外部环境在进入"十二五"之前和"十二五"中期发生了两次根本性变化。第一次是 2009 年前后的全球金融危机。一方面，危机拖累了全球经济增长，导致中国外需萎缩，为应对危机带来的经济增长下滑压力，中国政府选择执行价值 4 万亿的投资计划以刺激国内经济增长，经济刺激政策的执行使中国经济在全球增长低迷的背景下在短期内维持了高增长率，但也使中国的投资效率显著下滑，进一步强化了对投资驱动经济增长模式的依赖；另一方面，危机重创了世界主要金融中心的传统业务和公信力，为新的金融中心崛起带来了难得的机遇。第二次是 2013 年前后我国的经济增长动力发生显著变化。传统的增长动力如外需和投资逐渐失速，我国经济进入"新常态"，经济增速从高速轨道转向中高速轨道，经济结构从第二产业为主转向第三产业为主，经济增长动力由要素驱动转向创新驱动。上海自身的发展阶段也在"十二五"期间发生了一定变化。一方面，按照世界银行标准，上海的人均收入已经进入了高收入阶段，产业结构也已转向以金融业为代表的服务业为主，需要更多地发挥市场机制和功能性产业政策的作用；另一方面，市场机制和一系列制度安排仍在完善过程中，功能性产业政策发挥作用的传导机制仍不健全，短期内仍需依赖选择性产业政策推动产业结构变化。以 2013 年为界，上海的产业政策可以分为"十二五"的前期和后期两个阶段。在这两个阶段中，上海产业政策的目标都与外部环境和自身发展阶段相适应，各自体现出不同的特点。在前期，产业政策机遇的发展战略平衡，在后期，产业政策主要强调推进产业结构转型并进一步推动服务业发展。

二是执行国家战略的需要。上海产业政策的制定和执行必须首先服从国家整体战略的需要，这体现在两方面。①国家发展战略重大调整的影响。党的十八大以来，以习近平总书记为核心的新一届领导集体依据国内外经济发展环境和发展动力的变化，提出了一系列全新的发展战略和思路，如五大发展理念将创新和绿色列为前两位的发展理念，说明中央政府已经将发展的重心转移到依赖创新和人与环境协调发展的轨道，这与之前主要强调经济增长率的发展理念存在本质的不同。又如供给侧结构性改革要求关闭"僵尸企业"、去除过剩产能、优化产业结构和完善市场机制，中国已成为世界范围内结构性改革的领导者。从上文对上海

"十二五"期间产业政策文件的梳理结果看，其增量主要来自"产业结构调整措施"和"产业调控措施"；同时，上海市产业政策存在"服务节能减排"的特点，从政策文件发布的年份和数量看，十八大后该特点也得到逐渐强化。上海产业政策的变化与中央推进供给侧结构性改革和新发展理念等一系列新发展思路是高度吻合的。②党中央、国务院对上海在我国经济中的独特定位的影响。如上海建立了自由贸易试验区，是我国扩大开放的试验田；同时，上海正在加快建设具有全球影响力的科技创新中心和国际金融中心。因此，上海在制定产业政策时需要从全球价值链、产业链和创新链布局角度进行考虑。党的十八大以来，上海出台的大量产业政策是以促进自主创新、发展以金融业为代表的服务业以及培育战略性新兴产业为目标的，这也呼应了中央对上海的特殊定位。总的来看，上海"十二五"期间产业政策的出台和变化较好地执行了国家战略赋予上海的使命。

三是城市既有规划和土地利用等方面的制约。从人口看，上海是中国第一大城市，目前拥有超过2400万常住人口，约为深圳的2倍，土地、淡水等资源十分紧张，要素禀赋对上海发展制造业形成了较强约束，因此上海侧重发展服务业的产业政策是在资源和现有规划约束下的理性选择。

"十二五"期间，上海市政府在现有的各项内外部约束下制定和实施了具有较强选择性的产业政策，但也认识到选择性产业政策的弊端，如影响市场机制发挥资源配置作用，从而导致资源错配等。"十二五"末期和"十三五"初期，上海的产业政策正在实现从选择性逐步向功能性和普惠性的转变，也正试图扭转"去工业化"的趋势，例如《上海市国民经济和社会发展第十三个五年规划纲要》提出，"到 2020 年，制造业增加值占全市生产总值比重力争保持在 25%左右"。随着营商环境的提升和产业政策的进一步完善，上海的产业发展和结构性改革将会获得更丰硕的成果。

第三节　当前上海市产业政策面临的挑战
——基于供给侧结构性改革的视角

一、供给侧结构性改革的意义 [①]

自党的十八大以来，以习近平总书记为核心的中央领导集体高瞻远瞩，根据中国经济发展阶段的重大调整和世界政治经济格局的深刻变化提出了一系列新的系统性的发展理念。新发展理念目前日趋完善，拥有三大理论支点，即经济新常态、五大发展理念和供给侧结构性改革。经济新常态的论断是对我国经济发展阶段重大调整的深刻认识和准确把握，是对当下"立足点"的精确测度；五大发展理念则是在经济新常态的论断基础上提出的当前及未来的发展纲领，是新常态时期的"行动指引"；供给侧结构性改革则是践行五大发展理念的具体改革主线，是落实五大发展理念的"抓手"。因此，供给侧结构性改革的成效如何，将直接影响五大发展理念的贯彻效果，进而影响中国能否顺利实现发展新旧动能的转换和成功跨越中等收入陷阱。

2015 年 11 月 10 日，在中央财经领导小组第十一次会议上，

---

① 本节关于供给侧结构性改革的意义的论述框架参考了陈东琪教授于 2017 年 3 月 13 日在国务院发展研究中心举行的学术研讨会上发言的部分观点。陈东琪教授曾于 2017 年 1 月 22 日为中央政治局集体学习讲授供给侧结构性改革的相关问题。

习近平总书记首次提出供给侧结构性改革理论。他指出，我国应当"着力加强供给侧结构性改革，着力提高供给体系质量和效率，增强经济持续增长动力，推动我国社会生产力水平实现整体跃升"。截至目前（2017 年 3 月），据不完全统计，习近平总书记已经发表了与供给侧结构性改革相关的重要讲话 22 次，深入阐释和系统论述了供给侧结构性改革的理论内涵和政策含义。

供给侧结构性改革的意义可归纳为四个方面：

（一）供给侧结构性改革是适应经济发展新阶段、跨越中等收入陷阱和实现两个百年奋斗目标的必然要求

"十二五"以来，中国的经济发展阶段出现了明显转变。

从 GDP 数据看：2011 年我国的 GDP 增速为 9.5%，2012 年则大幅度滑落至 7.9%，此后逐年继续下滑，2015 年为 6.9%。[①] 目前 GDP 增速仍处于缓慢滑落趋势中。

从新"四化"[②] 角度看：

首先，中国的工业化已经达到中后期。部分传统行业面临严重的产能过剩，高技术产业虽然增长较快，但对国民经济的贡献依然有限。"十二五"时期，中国的工业比重已经从 39.9%下降至 34.3%。随之而来的是第三产业的快速扩张，从 2011 年的 44.2%增至 2015 年的 50.2%，其中，金融业的比重在"十二五"期间上升了 2.1 个百分点。

---

① 数据来源：《中国统计年鉴 2016》，若无特殊说明，下同。
② 2012 年 11 月，党的十八大报告提出，"坚持走中国特色新型工业化、信息化、城镇化、农业现代化道路，推动信息化和工业化深度融合、工业化和城镇化良性互动、城镇化和农业现代化相互协调，促进工业化、信息化、城镇化、农业现代化同步发展"。

其次，中国的信息化目前处于快速和推广时期。"十二五"期间，我国的互联网普及率从 38.3% 快速提升至 50.3%。该时期信息化的特点是移动互联网迅速普及，"互联网+"衍生了大量新商业模式并创造了众多创新创业机会，对中国人民的生产和生活方式变化产生了深刻的影响。

再次，中国的城镇化目前处于快速发展和稳固提高阶段。"十二五"期间，中国的城镇化率由 51.27% 提升至 56.10%。从统计数据看，中国的城镇化率从 20 世纪 90 年代中期开始迅速提高，每个五年规划期间的增长都约为 5 个百分点，而此前提升则相对缓慢。但这种城市化快速推进的局面在"十三五"期间可能会发生转变。一方面，中国已经经过了刘易斯拐点，劳动力无限供给和计划生育政策导致的低抚养比双重叠加带来的人口红利迅速消退，随着老龄化的加剧和计划生育政策的调整，我国的劳动力供给情况还将进一步恶化，中国的总抚养比在 2010 年达到 1982 年以来的最低点 34.2%，此后便开始稳步回升，2015 年为 37.0%；另一方面，中国的城镇化发展极不均衡。超大城市作为增长极集聚了大量资源但对周边地区的反哺和带动作用并不明显，同时制度、环境、公共服务等约束也渐趋刚性。中小城市，特别是东北和中西部省份的中小城市则困于人力资源流失和缺乏产业支撑。因此，从中国城镇化发展趋势和重点看：一方面，"十三五"期间，我国的城镇化速度可能有所减缓；另一方面，我国的城镇化也可能从追求"量"的扩张转向追求"质"的提高。

最后，中国的农业现代化正处于加速发展的阶段。农业现代化在"四化"发展中最为滞后，因此，加快农业现代化进展的需求也最为迫切。按照 1978 年价格水平计算，2014 年第一产业的

实际劳动生产率仅为 2152.8 元，仅相当于同期第二产业的 6.4%
和第三产业的 19.4%。[①] 当前，农业现代化的制约因素日益凸显，
主要表现为三个方面：一是农业工业化水平较低，农业科技创新
和产品创新能力不足；二是资源环境约束日益提升；三是农产品
缺乏国际竞争力。

从上述经济总量角度和新"四化"角度对中国发展阶段的分
析可以看出，进入"十二五"以来，中国的经济发展已经进入了
新的阶段，由改革开放前 30 年的高速增长阶段转向目前的中高
速增长阶段。从发展阶段的国际经验看，1000 美元的贫困陷阱和
三四千美元的低收入阶段由于经济起飞后的城市化和工业化带来
的正向增长反馈而较易跨过，但跨越中等收入陷阱较难。2016
年，中国的人均 GDP 约 8100 美元，按照目前 6.5%左右的增长速
度，还需要 7~8 年才能跨越 12735 美元的中等收入上限，跨越中
等收入陷阱。因此，"十三五"和"十四五"将是我国跨越中等
收入陷阱的关键时期。"十三五"时期也是党的十八大确定的
"两个一百年"发展目标中第一个百年目标实现的收官时期，我
国将在这个时期全面建成小康社会。

当前，改革的难度正逐步增大。一方面，改革的前 30 年积
累了大量风险和矛盾，但都被高速增长带来的经济总量快速扩张
所掩盖，而这些风险和矛盾目前逐步凸显出来；另一方面，在高
速增长时期，经济发展和改革措施的实施总体上看是帕累托改进
的过程，虽然也存在不均衡不公平的问题，但绝大部分人都是改
革的受益者，因此改革阻力较小；在增长速度显著下降时期，经

---

① 笔者测算得到，测算数据来自历年《中国统计年鉴》。

济改革需要重点关注经济存量的结构性问题，因此也必然涉及现有利益格局的调整，从而导致改革的阻力加大。供给侧结构性改革的提出，就是为了克服改革的困难，化解前期发展积累的风险和矛盾，解决经济增长质量、可持续发展和增长动能转换问题，从过去片面强调总量、规模和速度转向强调质量、内涵和竞争力。

（二）供给侧结构性改革是适应和引领经济发展新常态、改革宏观管理和促进供需新平衡的关键举措

2013 年 12 月 10 日，习近平总书记在中央经济工作会议的讲话中首次提出"新常态"。2014 年 11 月 9 日，习近平总书记在亚太经合组织工商领导人峰会开幕式讲话上对中国经济新常态的特点进行了阐释："一是从高速增长转为中高速增长。二是经济结构不断优化升级，第三产业、消费需求逐步成为主体，城乡区域差距逐步缩小，居民收入占比上升，发展成果惠及更广大民众。三是从要素驱动、投资驱动转向创新驱动"。[1] 新常态是以习近平总书记为核心的党中央基于对我国发展阶段的"三期叠加"[2] 和国际政治经济格局深刻调整的判断提出的。供给侧结构性改革是"培育新的经济结构，强化新的发展动能，推动中国经济平稳健康发展"的"主线"。[3]

---

[1] 习近平. 习近平在亚太经合组织工商领导人峰会开幕式上的演讲（全文）[EB/OL]. 新华网，2014-11-09。
[2] "三期叠加"是指我国同时面临增速换挡期、结构调整阵痛期和前期刺激政策消化期（张占斌，2016）。
[3] 习近平. 深化伙伴关系　增强发展动力——在亚太经合组织工商领导人峰会上的主旨演讲[EB/OL]. 新华网，2016-11-19。

从宏观管理看，国际金融危机之后，世界范围内主要经济体都大多采取了扩张性的货币政策以刺激经济增长，货币投放量达到历史新高，与此同时，中国还采取了 4 万亿投资的大规模扩张性的财政政策，对需求侧的刺激已经逼近极限，造成了资产泡沫和杠杆高企等问题，但经济复苏依然不明显，世界范围内的衰退仍在持续。对中国而言，造成这种状况的主要原因是供求的结构性失衡。当前，随着我国人均 GDP 的稳步增长，我国消费者的购买力日益提高。根据需求定律对"劣质品"的解释，伴随恩格尔系数的不断降低，消费者更加关注产品的质量而非价格，"劣质品"的需求反而会下降。我国当前的供求矛盾是产品的质量、种类和品牌等价格之外的因素并未随着消费者购买力提高和消费结构变化而随之提高带来的"劣质品"生产过剩和对优质产品需求无法满足共存的一种结构性失衡。从宏观管理和供求矛盾角度考虑：供求矛盾的来源是需求侧，但解决方案则在供给侧。原因在于：一方面，前一阶段所采取的需求刺激政策已濒临极限，其边际收益显著下降，同时积累了大量风险和泡沫；另一方面，供求矛盾的深层次原因在于供给侧弹性不足，难以适应需求的快速变化。正是在对供求矛盾的深层次把握和宏观管理的深刻反思的基础上，以习近平总书记为核心的中央领导集体才提出了供给侧结构性改革的重大举措。

（三）供给侧结构性改革是适应经济发展新周期、新旧动能接续转换、参与和引领新科技、产业革命的必要手段

中国三十余年的改革历程大致可以分为两个长周期，第一个周期是以农村改革为起始标志的市场化改革，第二个周期是以加入世界贸易组织为起始标志的深度融入全球价值链的开放改革。目前，第二轮长周期仍在延续，新一轮周期可能开启。在新一轮的长周期中，人工智能等新技术的发展可能带来全球经济的再次繁荣。目前，中国正试图从传统的要素驱动转向创新驱动，在此过程中，供给侧结构性改革将发挥促进要素流动和提升人力资本的作用，这也将为中国未来参与和引领新科技、产业革命奠定必要的基础。

（四）供给侧结构性改革是适应金融危机发生后新形势、综合国力竞争的新优势和未来发展空间的主动选择

当前，中国的经济实力和排位已经位居世界前列。按照汇率计算，2016 年中国的 GDP 约为 11 万亿美元，接近美国的 2/3，居世界第二位；按照购买力计算，中国的经济总量已经超过了美国，居世界第一位。同时，中国经济增长对世界增长的贡献占比也位居首位。中国与世界主要经济体经济总量和影响力的相对变化以及中国对外开放的进一步深化和海外利益关联的快速增长要求中国从国际秩序的遵循者转变为制定者，从世界发展的跟随者转变为领导者。在此过程中，中国需要深入总结和系统化自身的发展经验，探索世界经济社会发展的客观规律，为凝聚世界各国的共识提出新的发展范式。国内外诸多领域领袖和专家认为，供给侧结构性改革将是中国为世界贡献的一个代表性的结构性经济改革范式。IMF 总裁拉加德女士曾评论道，"中国是结构性改革的领导者"。因此，供给侧结构性改革既有助于增强中国的国际竞争力，也有助于中国凝聚世界发展共识，为中国赢得更多的未来发展空间。

二、供给侧结构性改革视角下的上海市产业政策面临的挑战

从上文的分析可以看出，供给侧结构性改革的提出具有四个方面的意义，是以习近平总书记为核心的党中央和国务院对中国经济社会发展所面临的诸多挑战和制约因素的深入剖析和精准判断下做出的重大经济改革部署。上海既是我国的主要增长极之一，也是进行经济政策调整和改革的重要试验区之一。上海贯彻落实党中央、国务院关于供给侧结构性改革部署的成效不仅关系着上海"十三五"乃至更长时期的经济发展状况，还关系着全国供给侧结构性改革战略的实施效果。同时，供给侧结构性改革最为重要的政策落脚点就是对产业政策的优化和调整。因此，上海应当依据中央对供给侧结构性改革的统一部署，结合自身的发展条件，对现行产业政策进行主动调整，深入推进供给侧结构性改革战略的落实。然而，上海产业政策调整也面临多方面的挑战。结合上文对供给侧结构性改革提出意义的分析，可以将这些挑战归纳为国内因素、国际因素和技术冲击因素三个方面。

（一）从国内看，新发展阶段、新常态和供需新平衡带来了新的挑战

从发展阶段看，"十二五"期间上海的 GDP 增长率由 2011 年的 8.2%下降至 2015 年的 6.9%，[①] 其中，2012~2015 年与全国 GDP 增长率几乎保持了完全相同的变化趋势。这种现象说明，与

_____

① 数据来源：2015 年上海市国民经济和社会发展统计公报。

全国相似，上海也由高速增长阶段转入了中高速增长的新发展阶段，以要素投入驱动的、以环境污染和资源耗竭为代价的传统增长动能已迅速减弱、难以为继。但是，上海作为长三角地区最重要的经济增长极，与全国的发展阶段也存在显著差异。2015年，按常住人口计算的上海市人均GDP为10.31万元，经2015年平均汇率折算得到的人均GDP为16553美元。按照世界银行公布的2015年最新收入分组标准，上海的人均GDP超过12736美元，[①]已经跨越了中等收入阶段，成为了高收入地区。然而，上海的收入水平与发达国家和地区相比仍存在较大差距。

从三次产业结构看，2015年，上海的第三产业增加值占GDP的比重已达67.8%，已经接近于发达国家的水平，但服务业的劳动生产率仍远落后于发达国家。在经济中的劳动人口占总人口比重不发生显著变动的前提下，人均GDP的增长由劳动生产率决定，而据麦肯锡全球研究院的研究，[②]从产业政策角度看，促进企业公平竞争的政策措施有助于提升劳动生产率。

从供需平衡角度看，上海已经进入了高收入阶段，恩格尔系数快速下降，对"劣质品"的需求锐减，消费对产品价格将更具弹性，同时消费者对产品品牌和质量的敏感度将进一步提升，产业结构和产品竞争优势将随着消费者偏好的升级而不断调整。上海的产业政策面临着增加供给结构弹性以快速适应需求结构变化的挑战。上海相对全国发展水平更高，因而遭遇的供需平衡矛盾与挑战也更为尖锐和突出。

---

① 世界银行公布的标准采用人均国民收入为指标，与人均GDP存在一定误差，但不影响基本判断。

② 黛安娜·法雷尔. 提高生产率——全球经济增长的原动力 [M]. 北京：商务印书馆，2010.

因此，上海在比全国更早迈过中等收入陷阱后仍面临传统增长动能失速和寻找新增长动能的挑战。从供给侧结构性改革角度看，上海的产业政策不应仅仅专注于提升服务业或高技术产业的比重，而应更关注公平市场环境的营造和对竞争的鼓励，从而推动劳动生产率持续改善，同时培育更富弹性和活力的供给结构以应对消费结构的迅速升级。

（二）从国际看，反全球化浪潮、世界经济低迷和国际分工贸易格局的迅速变化带来了新的挑战

以美国新任总统特朗普的上台和英国脱欧等事件为标志，全球化迎来了一股强烈的逆流。同时，2008 年国际金融危机爆发以来，全球经济持续低迷，发达国家特别是欧盟主要国家远未再次回到危机前的增长轨道，新兴国家也大多陷入低速增长乃至负增长。全球贸易保护主义的重新崛起和全球经济持续低迷彼此交织、相互推动，使作为中国经济增长重要引擎之一的对外贸易面临加快失速的风险。

2015 年，中国全年货物进出口总额比上年下降 7%，出口下降 1.8%；同期上海市货物进出口总额比上年下降 2.1%，而出口则下降 5.3%，远高于全国出口下降幅度。从外贸数据看，相比全国仍然保持顺差的净出口，上海经济的"三驾马车"中，出口需求对于上海经济的贡献已经为负，并且有可能加速下滑和进一步拖累经济增长。

国际分工贸易格局也在迅速调整和变化，中国制造业面临"两头挤压"的挑战。一方面，发达国家纷纷提出"再工业化"战略，积极吸引制造业回流，如美国提出《先进制造业国家战略

计划》，德国提出《工业 4.0 战略》等；另一方面，比中国发展程
度更低的拥有丰富人力资源的发展中国家积极承接中国由于劳动
力成本快速上升而失去比较优势的劳动密集型产业。由于国际分
工贸易格局的迅速变化，中国的产业政策也面临两方面的挑战：
一是如何促进现有产业的提升，二是如何把握新产业涌现的机
遇。从统计数据看，上海的产业政策特别是制造业方面的产业政
策遭遇上述两方面的挑战也十分严峻：一方面，现有产业难以升
级以占领价值链高端；另一方面，战略性新兴产业也仍然难以成
为稳定的经济增长新动能来源。2015 年，上海全年实现工业增加
值 7109.94 亿元，较 2011 年下降约 120 亿元；全年战略性新兴产
业制造业总产值 8064.12 亿元，较 2011 年仅增长 2.7%。为积极
引领全球结构性改革及有效应对中国经济转型，2015 年，我国提
出"一带一路"倡议，上海作为中国最重要的经济中心和交通枢
纽也深度参与其中。上海的产业政策也因此面临由局部和区域的
视角上升为全球视角的挑战。上海的产业政策应着力于搭建企业
"走出去"和"引进来"所需信息的平台，促进新技术、新管理
模式的引进，致力于鼓励企业参与全球竞争和利用全球市场使产
业达至规模经济。

**（三）从技术冲击来看，新技术和工业革命的兴起带来了新
的挑战**

牛津大学技术和国际发展教授傅晓岚认为，当前全球技术革
命和工业革命已经进入开端，而非仍停留在前夜。同时，此次工
业革命对社会和经济的影响将远大于之前三次工业革命。在技术
进步的冲击下，全球经济版图和生产组织方式可能出现重大调

整，而这种调整的方向具有高度的不确定性。

以制造业的技术进步为例。当前制造业的发展具有两种主要的技术路线，一是 3D 打印技术，二是智能制造技术。这两种技术在近期都取得了重大进展，但经济性仍是制约其大规模推广和应用的主要桎梏。一方面，哪一种技术能获得经济性的突破并实现大规模产业化是高度不确定的；另一方面，两种技术路线对生产组织方式的影响是截然不同的。3D 打印技术的特点导致制造缩减为两个环节：打印原料生产环节和打印成品环节。前者可能在原材料产地进行，后者则在目标市场所在地进行。传统制造业的大规模中间制造环节可能走向消亡。在这种情境下，全球分工体系将出现重大调整，全球价值链的低端可能不复存在，发展中国家培育劳动密集型产业和出口导向性经济的机会窗口趋于关闭，南北差距将进一步拉大和固化。智能制造技术的突出特点是"机器代替人"，促使资本进一步深化，从而大量低技能的劳动力将被迅速替代，未来大规模制造环节对劳动力的依赖将显著下降，全球价值链的低端不会消失，但发展中国家廉价低技能劳动力带来的发展潜力将被严重削弱。

总的来看，技术路线未来发展的不确定性对选择性的产业政策提出了严峻挑战。政府代替市场选择和支持某种技术路线的发展蕴含了巨大风险。

当前，无论从区域还是行业角度看，中国的技术进步和创新发展都是极不均衡的。根据科技部的研究，中国的技术水平目前处于"三跑"并存的状态：少部分技术处于"领跑"或"并跑"阶段，而大多数技术仍处于"跟跑"阶段。

上海的定位是我国的金融中心、经济中心和具有世界影响力的科技创新中心。在这 3 个中心的定位中，最具挑战性的是建设具有世界影响力的科技创新中心。从国际上看，上海与美国硅谷等世界性的科技创新中心仍存在较大差距；从国内看，上海则面临深圳、北京乃至仍在规划中的雄安新区等国内科技创新中心的激烈竞争。为实现建成具有世界影响力的科技创新中心的愿景，上海应着力于从能力（capabilities）、激励（incentives）和制度（institutions）三个角度推进科技创新的绩效的持续提升。

为应对技术和工业革命的新挑战和建设具有世界影响力的科技创新中心，上海的产业政策应向有利于技术扩散、不干预微观主体行为和培育良好的创新环境的方向进行调整。

第二章
国际经验

第一节　选择标准

借鉴国际经验，推进供给侧结构性改革视角下上海市产业政策优化调整需要解决两个问题：一是选择与上海市相似发展阶段的对标国家；二是确定对标国家针对供给侧所进行的产业政策优化调整。

虽然国外经济学界有过"供给学派"，但与我国在经济进入"新常态"阶段后以供给侧结构性改革调整经济结构，使要素实现最优配置，提升经济增长的质量和数量的目标存在明显的差异。因此，在国外尚无明确供给侧结构性改革的说法的背景之下，我们将按照两个标准选择国际"对标"对象：一是经济发展阶段与上海市相似，经济转型的挑战、目标和路径具有可比性；二是结构性改革的重点、方式和效果具有相似性。

按照中国社会科学院工业经济研究所课题组的测算结果，

2010 年上海已经进入后工业化阶段，产业政策优化调整已经具备后工业化国家产业结构调整的一般规律。根据 2016 年 8 月上海经市委、市政府审议通过后发布的《关于上海推进供给侧结构性改革的意见》，提出了八个方面的重点任务，包括以制度创新为核心，着力构建开放型经济新体制；以科技创新为引领，着力培育经济发展新动能；加快政府管理制度创新，着力提高行政效率；加快推动产业结构转型升级，着力扩大有效供给；以深化国资国企改革为重点，着力激发各类市场主体活力；推进金融开放创新，着力防范金融风险；多措并举降成本，着力减轻企业生产经营负担；聚焦城乡发展一体化，着力补齐薄弱环节"短板"。在上海市人民政府印发《关于推进供给侧结构性改革促进工业稳增长调结构促转型的实施意见》，则提出了：着力优化供给结构，促进工业高端发展；着力补齐创新短板，释放工业发展新动能；着力推进供需协同，促进工业持续发展；着力降低企业成本，增强工业发展活力；着力优化要素配置，提升工业发展效能；着力深化制度改革，激发工业发展动力。依据这些政策的原则、任务和重点工作，我们比较德国、日本、新加坡和美国等发达国家在后工业化阶段产业政策调整的经验。

第二节　国际经验

日本、新加坡、德国等发达国家长期以来在供给侧方面实施了一系列的政策，虽然这些政策在本国被称作供给侧政策，但这些政策却在推动国民生产体系质量与效率的长期提升方面卓有成效，是持续增强国家竞争能力的重要举措。对于日本和新加坡而言，这些供给侧政策还是助推本国成功跨越"中等收入陷阱"的重要政策工具。日本、新加坡、德国的成功经验，对于当前处于经济新常态背景下的上海而言具有重要的借鉴价值。

一、推动供给体系提质增效的主要政策措施

（一）让注重"效率与质量"成为国民共识

日本和新加坡通过国民运动转变国民观念，让企业、国民充分认识到持续改善（生产）效率与质量的高度重要性，并成功地让社会各阶层都积极参与到提升生产效率和质量的活动中去。20世纪五六十年代，一些日本企业提出了持续改善（效率和质量）的经营理念、管理思想和具体做法，20世纪70年代，日本政府在此基础上发起"国家改善运动"，将持续改善的理念和经营原则迅速推广到全日本。在日本，不论在大企业还是小企业，持续改善都是企业的核心精神之所在，产业专家、管理研究者、企业

家、管理者、各阶层员工都积极参加到持续改善（效率和质量）的活动中，持续改善效率与质量的理念和思想深入人心。

20世纪80年代初，新加坡劳动力市场紧缺，工资水平上升，企业国际市场竞争力面临严峻挑战，经济持续发展动力不足，新加坡的领导人感到本国生产力远远落后竞争对手，决定发起全国性的生产力运动，生产力运动在国家和公司层面都积极开展，新加坡还仿效日本把每年11月定为"生产力月"。新加坡政府通过生产力运动向每一个新加坡国民灌输发展生产力（提升生产体系的效率与质量）的理念，让各阶层国民都充分认识到了提升效率与质量的重要性，并积极参与到发展生产力的活动中来。30余年来，新加坡政府始终通过宣传和教育，向国民强调提升效率与质量对于国家、对于提升国民收入水平的重要作用。近年来，提升生产力又成为新加坡国家战略的优先选项。

19世纪末，德国人认识到产品质量的重要性，德国企业开始自发、有计划地、有方向地进行质量改进，"用质量去竞争"逐渐成为大多数德国企业的座右铭，很快德国制造成为品质和信誉的代名词。德意志民族严谨的性格特征，也使德国企业对于管理精细化、对于效率的追求近乎苛刻。在德国，对于技术、效率、品质近乎苛刻的追求，早已深入人心，并成为"德国制造"的灵魂。

（二）设置专门机构助推生产力提升

为帮助企业甚至公共部门持续提升效率与质量，日本与新加坡政府专门设立了特定机构。在日本，持续改善逐渐成为企业的自发行动，但这种私人部门的自发行动得到了日本科学技术联盟、日本生产力中心与日本管理协会三个非营利组织的帮助，它们为企业持续改善行动提供课程、研讨、咨询、国际交流、设立生产力与质量奖项以及其他支持机制，这三个非营利组织协助企业持续改善的活动得到了日本政府的资助。

新加坡先后成立生产力中心（1967）、生产力促进委员会（1972），生产力促进委员会最初作为国家发展部附属机构，后来又隶属于新加坡标准、生产力与创新局，生产力促进委员会与生产力中心在生产力运动中起到了非常重要的作用。它们围绕生产效率与质量提升这个核心领域组织技术专家、管理专家、企业管理人员、工人等各阶层人士展开研究，总结先进企业经验，为企业提升生产率提供课程培训、论坛研讨会、参观学习先进企业、提供技术与管理咨询甚至解决方案，极大地促进了不同机构与个人参与到活动中来，并推动了先进技术与先进管理经验的研究、应用和传播。生产力促进委员会除上述职能外，还与亚洲生产力组织（The Asia Productivity Organization）、日本海外技术研修者协会（The Association for Overseas Technical Scholarship of Japan）就提升生产率与工作技能培训等领域展开合作，并与日本国际合作局（JICA）合作发起"生产力发展计划"。这些国际合作为新加坡提升生产率起到了重要作用。当前，新加坡生产力中心与生产力促进委员会在新加坡的经济发展中仍然发挥着极为重要的作用。

德国虽然没有设立专门助推生产力发展的特定机构，但官方设立的全国性德国技术转移中心、半官方性质的弗朗霍夫协会，在一定程度上承担着从技术方面助推企业效率与质量提升的功能；德国的工业协会、商会则会为企业提供政策、科技、管理咨询方面的服务，在一定程度上起到了助推企业效率和质量提升的作用。

（三）尤为重视促进中小企业提升生产率

日本政府在"二战"后初期就开始实施（中小）企业评价体系工程，并为此成立日本中小企业管理咨询协会（J-SMECA）。企业评价系统是经国家授权专门为中小企业提供企业诊断与咨询服务、改善建议的系统，其目标是提升中小企业的效率与能力。中小企业大学是企业评价系统中的重要组成部分，负责严格培训中小企业咨询师，并对合格者予以认证，合格者在获取中小企业大学的认证后，将会自动获得工业经济贸易部颁发的企业咨询师证书与相应从业资格。中小企业大学在很大程度上确保了企业评价系统诊断与咨询服务的高质量。2004 年，日本将几个支持中小企业发展的组织合并成日本中小型企业和区域创新组织（SMRJ），并于 2006 年对企业评价系统进行进一步优化提升，更加突出了企业系统评价工程的实际应用性。日本的企业系统评价工程，经过 60 年的有效实施，对于日本中小企业提升效率起到了非常重要的作用。

帮助中小企业提升生产率也是新加坡政府的一项重要政策。中小企业发展的政策体系一般由贸工部企业司制定，由新加坡标准、生产力与创新局执行，政策的执行需要政府与商会和商业协会合作；新加坡众多商会和商业协会中有五个企业发展中心，这里有许多商业顾问可以给中小企业发展提供咨询建议，包括寻找适合中小企业发展的政府扶持项目，帮助中小企业寻求融资，为中小企业提供公司管理、生产管理、人力资源、公司运转等方面的咨询服务。新加坡生产率中心则为中小企业提高生产率提供技术解决方案以及相应经营管理方面的建议。

帮助小企业提升技术能力、管理水平、创新能力与产品质量一直是德国政府的一项重要政策。官方的德国技术转移中心、半官方的弗朗霍夫协会主要为中小企业提供科技、技术、产品开发方面的咨询服务，帮助企业提升技术能力、效率与产品质量。政府还通过补贴的方式鼓励中小企业接受专业技术、创新及相应管理方面的咨询服务，帮助企业更好地适应日益复杂的经济环境和不断加快的技术更新速度，帮助企业加快技术能力、管理效率、产品质量提升及新产品开发的步伐。

（四）建设高水平的科技大学与高质量的职业教育与培训体系

日本、新加坡、德国都高度重视产业人才培养和人力资本的提升，并将此作为推动国民经济体系效率提升与生产力水平跃升的极为重要的手段，其成效显著。这三个国家，一方面重视高水平科技大学、工程技术学院的建设，为国民经济发展培养高素质的科技、工程技术人才；另一方面极为重视职业技术教育与培训，建立员工终身学习体系。

日本自明治维新开始，就高度重视高水平科学技术大学的建设，这些科学技术大学为日本培养了大量高素质的科技人才与工程师，为日本产业发展与效率提升做出了重要贡献。新加坡政府同样高度重视人才在产业发展中的作用，新加坡致力于建设具有国际一流水准的理工大学（科技大学），新加坡南洋理工大学是世界顶尖的科技大学之一，为新加坡的经济发展与生产力水平提升培养了大量具有国际水准的科技、管理人才；1992年成立的新加坡南洋理工学院，如今已经成为具有大约78000名在校生、具有亚洲领先水平的理工学院，为新加坡的经济发展与生产力水平提升培养了大量高素质的工程技术人员。

德国历来重视高水平理工大学的建设，德国的 TU9 理工大学联盟的九所理工大学历史悠久且在国际上享有盛名。20 世纪 60 年代，联邦德国经济进入飞跃发展阶段，社会需要大量实用型高技术人才和管理人才，联邦及州政府为顺应这一要求，大力发展应用科技大学。应用科技大学面向市场，根据经济发展与产业需求调整专业设置，设立理论与实践交叉循环的课程体系，企业密切参与教育过程，其毕业生由于良好的专业素质与丰富的实践经验非常受企业欢迎。德国 70% 的工程师都毕业于应用科技大学。

日本、德国、新加坡不但高度重视尖端科技人才、精英型技术人才的培养，还高度重视职业技术、技能的教育与培训，为持续改善生产率与质量培养了所需的大量高素质技能型人才。这三个国家都特别强调技术技能培训内容与目标产业劳动需求的匹配，强调培训项目及内容的设置应随着经济发展与技术变迁过程中对劳动技能的要求的变化而及时调整。

日本制定了《职业能力开发促进法》，并建立了以学校职业教育、公共职业教育与事业主教育为主要构成的完善职业教育体系。其教育体系结构既有初、中、高各种层次衔接，又有国、公、私各种类型，使日本形成了较密集、高效的"职教网"，进而有效提升了整个职业教育体系的质量与效率。高效优质的职业教育体系是促进日本经济发展与持续改善的一个重要因素。

德国制定了《联邦职业教育法》，并建立起著名的"双元制"职业教育体系，即企业与职业技术院校合作培养技能人才的职业技术教育体系。双元制教育体系将职业实践的学习与专业知识、普通文化的知识紧密结合起来，为德国培养了大量高素质技能型人才。这些高素质技能型人才是德国制造业效率与质量持续提升的重要源泉，是德国制造业竞争优势的重要构成。

在新加坡，国家人力资源委员会（NMC）根据国家中长期人力资源的规划和需求，制定相应的实施方案与策略，并设置了明确的量化目标，在之后的四到五年时间内，根据学生类型、数量和特定技能要求，由各大学和理工学院进行培养。同时，政府资金将按照职业教育培训计划与人力资源规划给予支持。在继续教育方面，政府通过提供一系列多元的技能培训作为学校教育的补充，以及培养更多的专业人才、经理、行政人员和技术人员，使培训范围扩大到所有层次员工的职业技能和竞争力。

（五）实施严格的消费者权益保护制度

20 世纪五六十年代，日本经济虽然快速增长，但日本产品却是廉价、低质产品的代名词。随后，日本企业不断提高其产品质量，日本制造逐渐成为高质量的代表。推动这一重大转变的两股重要力量，一是持续改善理念、思想及先进经验的成熟和推广；二是日本政府自 20 世纪 60 年代末开始构建完善的严格保护消费者权益制度体系。后者的作用往往被国内学者、政策部门所忽视。但是，许多日本学者的研究表明，日本 20 世纪 60 年代末开始实施的、严格的消费者权益保护制度（这包括集团诉讼、具有震慑力的惩罚性赔款、生产方举证责任、严格追究相关责任人的刑事责任等），对于倒逼日本企业持续提升产品质量起到了至关重要的作用。

德国全方位严格保护消费者权益。从法律上制定了《消费者权益保护法》、《食品法》、《日用品法》、《产品担保法》和《消费信贷法》，法律规定非常详尽。德国在联邦政府中设立了消费者保护部，建立了成熟的消费者协会网络，并且有大量独立的产品检验组织。这些法律和机构成为消费者维权最有力的保障，同时迫使企业必须充分保证产品的质量，否则会面临严苛的处罚以及由此带来的巨大经济损失。

二、功能型产业政策是发达国家供给侧政策的主线

不同类型的产业政策具有不同的政策工具和实施成本，根据本国在经济发展不同阶段的发展目标、发展理念和面临的主要矛盾选择合适的产业政策，既是政府在经济发展中的作用最为根本的问题，也是发达国家留给后发国家最为重要的经验。因此，抛开经济发展阶段讨论各类产业政策的优劣，无异于隔靴搔痒。

20 世纪 70 年代后，以"扭曲价格"和限制竞争为内核的选择性产业政策在理论和实践上受到的质疑均日趋广泛。同时，以"理顺价格"和优化竞争环境为内核的功能型产业政策在主流学术界的影响日盛，并在布雷顿森林机构的推动下不断扩大其在全球范围内的政策影响力。20 世纪中叶后，美、英、西德等主要发达国家并没有放弃产业政策，而调整了产业政策的类型，即更多地实施功能型产业政策。以日、韩为代表的新兴工业化国家在高速增长时期实施的产业政策则是混合型产业政策。不少研究指出，这一时期日、韩的高速增长主要归功于混合型产业政策中的功能型产业政策，包括建立和完善市场制度、积极推动人力资本的提升、维护宏观经济和汇率稳定、实行开放与推动出口等供给

侧政策，而选择性产业政策则收效甚微。日、韩两国分别在 20
世纪后期逐渐退出了选择型产业政策，取而代之以功能型产业政
策。因此，功能型产业政策已经成为发达国家产业政策的主流。

2008 年国际金融危机以来，发达国家实施经济结构调整，在
制造业领域强化了产业政策的运用。从典型工业化国家产业政策
的设计、政策工具选择和实施机制看，这些政策基本尊重和承袭
了功能型产业政策的内核，即旨在构筑可持续的政策框架和服务
体系为先进制造企业营造有利的商业环境，加强科技基础设施和
公共服务建设全方位优化创新、创业环境等间接手段支持产业创
新发展，严格限制将政策资源直接导向特定企业和限制竞争的政
策措施。

（一）美国的制造业复兴战略

奥巴马政府将重振制造业作为美国经济长远发展的重要战
略，依托其在信息技术和先进制造技术领域的优势，按照"构筑
新的优势，巩固既有优势，消除不利因素，创造有利环境"的思
路，加快推动全球工业生产体系向有利于美国技术和资源禀赋优
势的个性化制造、自动化制造、智能化制造方向转变。美国政府
重振制造业的主要政策措施包括：大量培育先进制造业所需的技
能工人和专业人才、完善发展先进制造的产业和技术基础设施、
减少不必要的管制和审批滋生的间接成本、大幅提升对先进制造
技术的 R&D 支持等。总体上看，美国政府的制造业复兴战略并
不是通过财政补贴、税收优惠直接扶持特定的具体产业、技术路
线、产品或者特定的企业，而是为制造业企业发展营造良好的商
业环境和创新环境。

（二） 德国高技术战略

德国联邦政府于 2006 年发布《国家高技术战略》，并于 2010 年进一步整合了各部门的研究和创新资源，推出了升级版的《国家高技术战略 2020》。该战略包括三方面的重点内容。

一是政府重点资助若干战略性新兴技术的突破，促进经济、社会和环境的可持续发展。

二是全流程优化创新环境，引导社会资源流向创新活动，重点包括积极培育全社会的创业创新精神、实施普惠型的"中小企业创新核心项目"、加强标准体系建设和推行终身学习计划培育高素质产业工人。

三是加速创新成果的产业化，主要的政策措施包括继续支持科研机构和中小企业申请和应用专利、促进学术成果商业化、升级校园资助项目、继续实施"领先集群竞争"和创新联盟等行之有效的政策等。

不难看出，德国高技术战略的措施也是在培养先进制造技术人才、发展企业创新网络、完善国家创新体系与创新环境等方面着力，全方位优化企业创新发展的外部环境。值得一提的是，德国"工业 4.0"计划源自《国家高技术战略 2020》。因此，德国实施"工业 4.0"计划的政策措施仍是在上述政策框架之下。

（三） 日本复兴战略

2013 年 6 月，日本政府推出"日本产业复兴计划"，政策重点是增强国内制造基础、培育战略新兴产业。在政策措施上，日本在继续实施一贯以来的政策的基础上，又新增加了一些措施，主要措施包括运用投资减税、租赁补贴、投资补助等手段，促进企业对设备、生产线及作业系统进行技术升级；为在制造业普及增材制造技术，通过设立国家项目进行技术攻关；继续对企业技术开发实施减税政策；增加对机器人、新一代汽车基础设施、飞机、碳纤维、iPS 细胞再生医疗、清洁能源等战略新兴产业的研究开发资金；构建基础共性技术开发与应用平台，促进企业利用新技术，在强化人才力量方面，继续实施培训政策。

从总体上看，一方面近年来日本产业政策的重点在一定程度上存在向特定领域倾斜的趋向；但另一方面也在优化竞争环境，难以颠覆功能型产业政策而重返选择性产业政策的老路。

第三节　经验启示

从发达国家尤其是成功实现赶超的发达国家经验看，在供给侧实施一系列推动国民生产体系提质增效的政策，是一国进入中等收入水平以后应对要素成本上升、加快产业转型升级、提升产业国际竞争力的重要举措。当前，我国经济已进入新常态，上海正面临要素成本快速上升、资源环境约束强化、部分产业严重产能过剩、经济增长效率恶化、经济下行压力不断加大，以及发达国家再工业化与后发国家追赶等带来的严峻挑战。迫切需要通过供给侧结构性改革，着力提高供给体系的质量和效率，进而提升经济持续增长动力，推动上海市社会生产力水平实现整体跃升。借鉴日本、德国、新加坡等发达国家经验，结合上海市情，上海可从以下几个方面推动供给体系技术能力、效率与质量的提升。

一、形成崇尚效率与质量的社会氛围

当前，上海许多企业及企业中的管理人员、技术人员、产业工人心态浮躁，企业及企业主热衷于在房地产市场投机"赚快钱"，缺乏实实在在做企业、做实业的精神，经营管理层和各级员工缺乏职业精神，极不利于国民经济生产体系提质增效。上海可借鉴日本"国民改善运动"与新加坡"生产力运动"的经验，通过长期、全民范围内的宣传和教育，转变国民的观念，让国民充分认识到提升效率与质量的高度重要性，并进而将持续改善效率与质量的精神和理念贯彻到自己所从事的工作中。转变国民心态，还必须在制度和政策安排中最大限度减少"赚快钱"、"一夜暴富"的诱惑和投机取巧机会。

二、建设完善的生产力促进体系

更加注重帮助企业提升科学管理水平与企业劳动者技能。中国多地虽然也有类似的生产力促进中心，但这些中心更为注重为企业提供科技服务，且服务的质量与效率都有待提高；而日本、新加坡促进生产效率与质量持续改善的部门更加注重在促进企业生产管理、现场管理、经营管理水平与企业劳动者技能的提升，帮助企业形成持续改善生产率与质量的企业文化与制度。

当前，科技能力不足并不是导致上海企业效率和质量水平不高的唯一原因，科学管理水平不高、劳动者技能水平较低以及管理体制落后等是当前导致上海企业效率与质量较低的更为重要原因，并制约着企业科技能力的提升。当前，上海应该在市发展改革委或者经济和信息化委员会下设"生产力促进局"，整合现有资源与机构，从协助与促进企业提升管理水平（包括生产管理、现场管理、质量管理等）、员工技能、技术能力以及协调三者发展的能力等方面着手，促进企业生产效率与质量的提升。

三、构建全市的中小企业评价系统

建立中小企业大学与全国性的中小企业管理咨询协会，助推中小企业提升管理水平。政府主导中小企业评价系统的构建，并吸引社会各界力量积极参与，中小企业评价系统商业化运作，政府为接受咨询与评价的中小企业予以一定的补贴和资助。政府资助与推动全市性中小企业管理咨询协会的建设，推动对于上海中小企业管理问题的研究，以及提升中小企业管理咨询的水平。政府主导和资助下建立中小企业大学，用于培训和认证中小企业管理咨询师，以此保证整个中小企业评价系统诊断、评价与提供咨询服务的质量。提升中小企业管理水平，将有力推动中小企业效率与质量的提升。

四、建立产业技术研究院和全市技术转移中心

助推中小企业技术升级与技术创新。产业技术研究院应致力于为中小企业研究开发低成本、适应性的共性技术，并结合设备推广和工程管理服务推广，实现共性技术的突破和推广。在设立产业技术研发中心的同时，研究院还应设立技术转让中心和产业服务中心，后两个中心承担技术研究成果推广的职责。产业服务中心还要为企业特别是缺乏工程化能力的中小企业提供设备安装、设备检修、设备调试、人员培训等服务。建立全市性的技术转移中心，为企业尤其是中小企业提供技术信息服务、技术咨询与技术服务、技术交易项目的受理与评估，重点是加快先进技术、技术创新成果在中小企业中的应用。

五、高度重视产业技术人才和技能人才的培养

加强"精英型"的实用技术人才和工程人才的培养、培训。日本、新加坡、德国等国有大量的旨在培养"精英型"技术人才和工程人才的大学,这些学校的生源基本上都与研究型大学一样是一流的。建议根据上海教育体制和教育观念的现实情况,在复旦大学、上海交通大学、同济大学等一流大学设置专门的"技术工程学院",与企业合作培养工程师和知识型技术工人。加强企业、职业学校、工程型大学和政府公共服务机构之间的合作,建立高水平的职业教育体系,提升广大产业公认的技能水平,借助政府扶持的培训项目,针对机床操作、通用工业机器人操作等重点工艺设备进行有重点的培训,提升上海制造业的整体技能水平与劳动生产率。

六、加快推进消费者权益保护制度改革

严格保护消费者权益,进一步完善《消费者权益保护法》,建立消费者集体诉讼制度;完善和强化消费领域惩罚性赔款制度,确保惩罚性赔款的震慑作用;落实和完善举证责任倒置制度,避免消费者因鉴定难、举证成本高、不专业而难以维权的问题;严禁地方政府干预消费者权益保护案件的审理而保护本地不良企业。

第三章

供给侧结构性改革背景下上海产业
政策优化调整的思路与方向

第一节　产业政策优化调整的总体方向

一、以实现创新驱动发展为纲

产业政策应当旨在促进创新型的投资，而不仅仅是生产性的投资，推进企业以科技创新为核心的全面创新，促进企业无形资产的投资和无形资本的形成和增值，创新政策应当在产业政策体系中发挥统领作用。

在要素成本快速上涨、资源环境约束日益趋紧的情况下，经济发展方式由投资驱动向创新驱动的转变，要求我们重新思考工业在上海国民经济体系中的功能和作用。相对于第三产业，制造业的独特性和重要性主要体现其科技活动和管理活动的复杂性。

虽然农业和服务业也有技术创新和管理创新问题，但制造业的技术复杂性和管理复杂性都明显高于其他部门。正因为制造业具有更高的技术复杂性，所以任何一国和地区的技术创新活动都主要发生在制造业。例如，虽然美国制造业在国民经济中的比重只有13%左右，但美国2/3的商业性研发支出是在制造业部门实现的。也就是说，制造业是决定一国和地区长期增长潜力的复杂能力的产业载体，发展制造业的关键是提高制造业的复杂度，而不是简单扩大规模。通过不断提升制造业的创新能力，大幅提升上海制造业的技术复杂度和产品竞争力，使制造业在上海经济中发挥更大的作用。

超越第二、第三产业孰重孰轻之争，以推进制造业创新发展为根本目标，加快上海制造业转型升级，是未来上海制造业发展的主基调；相应地，产业政策的基本取向也应当适时从过去以促进制造业做大规模转向切实提升制造业的创新能力特别是原始创新能力方面。

二、积极推进供给侧结构性改革

产业政策调整优化既是供给侧结构性改革的重要内容，同时供给侧结构性改革也是未来上海产业政策调整优化的主要基调。产业政策应与制度改革协调配套，切实解决制约上海制造业创新发展的深层次制度性问题，充分释放市场的内生活力和上海制造业的内生优势。上海制造业发展的传统模式是"市场化+激烈的地方政府间竞争+政府干预要素价格"，这种发展模式在较短的时间内扩大了产业规模，但也牺牲了制造业的发展效率。现代产业体系的构建、新经济的涌现发展过程是技术经济范式协同转变的过程。新经济产业形态与传统产业的差异性，以及新经济发展环境的深刻变革都决定了，旨在促进新经济发展、构筑发展新动能的产业战略和政策思路必须进行调整。

发展新经济，首先要推进供给侧改革，为新经济发展提供良好的制度和竞争环境。上海有足够庞大的制造业企业群体，有足够强烈的改善和发展的抱负，只要有足够好的竞争秩序，创新者和创新型的转型行为的涌现不是问题，关键是形成好的竞争规则。

近年来，学术界和政府部门常常将德国、日本作为上海制造业转型升级的榜样，并大谈德国和日本企业家如何耐得住寂寞、德国和日本产业工人具有如何优秀的工匠精神。但更需要我们向德国和日本学习的，是他们的企业家精神和工业文化背后的制度基础。脱离了德国、日本的主银行公司治理体系、终身雇佣、强有力的工会、有效的知识产权保护等深层次的制度性因素，无视德国、日本在工业化国家中劳动时间最短、劳资收入差距最小等典型事实，而在无序竞争、几十倍甚至上百倍的劳资收入差距前提下徒讲企业家抱负和工匠精神，只会使工业文明成为空中楼阁。奖励创新而不是宣扬创新才是促进创新的最有力方式。因此，在完善制造业发展的制度环境、充分激发制造业创新发展的内生活力的前提下，构建有效的政府和企业及各类创新主体紧密合作的政企关系，是未来上海产业政策调整优化的主基调。

三、提高产业政策指向精准度

将产业政策切实导向"新"技术、"新"产品的研究开发，将政策资源导向通用技术和技术融合领域，引导市场向创新性、而不是生产性领域的投资，是提高上海产业政策精准度的关键。

目前上海的产业政策指向是产业、产品或建设项目，如上海落实《中国制造 2025》提出了一批重点产业领域，而反观美、日、德等国家旨在促进新经济发展的国家战略，虽然也会提出建议性的新兴产业发展方向，但在税收、财政支持等具体的结构性政策措施方面，都是指向这些产业或领域的技术研发环节，而不是特定的产业或产品。结构性产业政策与产业及产业的研发环节挂钩，会产生完全不同的政策效果。如果是与产业挂钩，就会诱导企业扩大生产性的投资，而这也正是近年来我国工业机器人、新能源汽车等新兴产业产能过剩的重要原因；如果与研发挂钩，就会激励企业加大对新兴技术的投入，其产出是体现为知识产权的创新性科技成果。具体到新经济领域，与研发挂钩而不是与产业直接挂钩的合理性还在于，代表全球技术前沿的新经济的产业形态具有高度的不确定性，产业专家、技术专家和政府官员并不能事先准确判断新兴产业的发展方向。

基于以上考虑，美国的产业政策不是人为选择所谓的新兴产业，而是大力发展以信息网络、新材料和生物医药为代表的通用技术。其政策思路是，不管新兴产业向哪个方面发展，但其技术的根源都是通用技术。形象地说，目前上海的产业政策的思路是选择花的品种，而美国产业政策的思路不是事前决定培育哪种花，而是培育有利于新的花卉品种生长的肥沃土壤。

因此，美国的新经济政策思路体现在结构性产业政策方面，就是加大对通用技术的投入，同时通过构建网络化的制造业创新中心，积极促进通用技术与各种应用技术的交叉融合，从而催生新兴产业的孕育和发展。同样，德国和日本的产业政策资源也大量导向通用技术和共性技术研发，以及以产业联盟为主要组织形式的研发合作。

因此，可以说，不是我们的结构性产业政策有问题，而是我们的结构性产业政策的指向有问题。只有将针对新兴产业的结构扶持政策指向通用技术和技术融合，才能使新兴产业的发展最终走出"重复引进和产能过剩"的怪圈。

四、结构性政策和功能性政策全面推进

在优化结构性产业政策对推进创新发展作用的同时，通过完善公共服务体系和技术创新体系，切实提高企业自身的创新能力和合作创新、开放创新能力。

产业政策本质上是对市场失灵的矫正，即在市场不能有效发挥作用的时候，通过人为干预税收、资金、土地、劳动等要素的价格来引导资源的配置。因此，产业政策的实质是选择性和结构性的。我们完全同意，当前上海无论是传统产业调整遇到的困难，还是新兴产业发展面临的挑战，首先都是要素和产品市场市场化程度不高导致的。

促进新经济发展，要在建立公平竞争的市场秩序、形成市场化的要素价格等制度建设方面推进改革；没有知识产权保护，任

何的税收优惠和资金支持对于新经济及创新驱动发展都是无源之水。但是，仅仅在制度建设方面做文章还是不够的。即便是在被公认为市场化程度最高、功能性产业政策特征最突出的美国，在促进新经济发展方面，政府也不是无所作为，而是积极采取一系列结构性的措施来催化和加速新经济的发展。例如，2012年3月，美国政府提出建立国家制造业创新网络计划，由联邦政府出资10亿美元在10年内创建15个制造业创新研究所；2013年根据形势发展，奥巴马政府又做出10年内创建45个制造业创新研究所的调整。目前，美国联邦政府已经资助设立了增材制造、数字设计与制造、轻质金属制造、集成光子电路、自动化传感控制技术等9家创新研究所。

事实上，德国为了推进"工业4.0"，日本为了弥补3D打印领域的"短板"，政府也都采取了积极的结构性财政和税收政策。德国的《高技术战略2020》提出，政府将投资2亿欧元，在10~15年的时间里建设数字信息物理系统。2014年，日本经济产业省把3D打印机列为优先政策扶持对象，计划当年就投资45亿日元，实施名为"以3D造型技术为核心的产品制造革命"的大规模研究开发项目，旨在开发世界最高水平的金属粉末造型用3D打印机。可见，结构性产业政策本身并没有错，也是迄今为止包括发达工业国家在内的各国产业政策实践的通行做法。

产业政策的本质就是要针对市场失灵，通过适度扭曲要素市场价格，引导要素向特定的领域集中。制造业转型问题，既包括动力问题，也包括能力问题，解决激励问题的结构性政策应当与提升能力的功能性政策（主要是公共服务体系建设）有机结合，相互促进。其中，结构性的发展性产业政策重在"通过适度干预价格"提升企业创新驱动发展的能力，功能性政策旨在通过"矫正价格扭曲"提升企业创新驱动发展的动力。

对于具有较强技术能力的大企业和一部分专精特新的中小企业，政府的功能主要是提供强有力的科技基础设施投资，特别是通过建设高水平的研究型大学和体制完善的共性技术研发机构，为这些企业提供基础研究和竞争前技术支撑；而对于量大面广的一般性中小企业，政府的功能主要是完善中小企业公共服务体系，其中，最重要的是面向提升管理能力、产业工人技能和生产工艺水平的公共服务。公共资源应当更多由过去结构性的补贴和扶持政策投向公共服务体系和创新体系建设。即便对于战略性新兴产业，结构性政策也应当更多以功能性的税收优惠来体现，对于结构性的政策（包括目前社会上讨论较多的产业基金）的使用范围和边界都应当保持谨慎。

五、稳增长政策和调结构政策协同优化

在经济增长压力持续加大的情况下，通过保持适度宽松的货币政策，为产业转型升级创造良好的宏观环境，同时通过优先推出、重点推出既有利于保增长又能够促进调结构的产业政策，实现稳增长和调结构的协调推进；同时，稳增长不能破坏产业调整演化的内在机制和规律，产业增长政策要让位于产业发展政策。讨论上海制造业转型升级另一个无法回避的问题是经济增长速度与转变经济发展方式的关系问题。

实证研究表明，经济处于较高增速的赶超周期，也是一国新兴产业不断孕育发展、产业结构剧烈变动调整的时期。无论是我

国经济发展的实践，还是国际产业发展的经验都显示，由于农业和服务业的技术和组织形态的发展几乎总是连续的、非突破性的过程，因而农业和服务业的增长总是相对稳定的，工业特别是制造业部门的快速增长成为一国和地区经济保持较高增长速度的主要力量。然而，伴随着 2012 年以后我国城镇化率超过全球平均水平从而城镇化实际上进入了减速推进阶段，伴随着我国交通基础设施、市政基础设施和工业基础设施投资回报率出现下降，伴随着房地产市场风险的累积和投资增速的下滑，过去十余年里拉动我国经济高速增长的重化工业化阶段宣告结束。在这种情况下，在传统的主导产业之外培育关联效应强、带动作用大的新兴产业，形成新的经济增长点，成为未来继续保持国民经济平稳较快增长的唯一出路。而新经济的发展和新兴技术突破应用又要求相对稳定的宏观环境。

企业转型首先要有盈利预期，有盈利预期就需要宏观上保持一定的经济增长速度。但强调一定经济增长速度的必要性，并不是主张"保增长"，而是要强调创造新的经济增长动力。如果是强调"保"增长，似乎就有放弃或至少降低政策工具选择标准的含义。理论和实践都表明，经济调整时期也是低效率企业被淘汰从而实现优胜劣汰、产业组织结构优化的最佳时机，但也正是这个时期，政府最容易受到增长压力的驱使，干预市场经济自身的调节机制和产业自身的演进规律。保增长常常伴随着保护落后，而保护落后恰恰是转型升级最大的敌人。在不保护落后的情况下实现较高的增长速度，就只能靠创造新的增长动力。因此协调好宏观政策与产业政策是提高产业政策有效性的重要条件。

第二节　产业政策优化调整的基本思路

一、完善公共科技服务体系，弥补制造业创新体系"短板"

从建设更加独立的上海张江综合性国家科学中心和国家实验室、建设全市层面的共性技术研发机构和完善技术扩散机制三个层面着手，完善上海制造业科技服务体系，弥补制造业创新体系的"短板"。

一个地区的科技服务体系主要由科技基础设施、共性技术研发服务和技术扩散服务三个部分组成。其中，科技基础设施主要是国家实验室，具体到上海还包括综合性国家科学中心，其主要功能是围绕国家和上海市重大科技和产业发展使命，依靠跨学科、大协作和高强度资金支持开展战略性研究，这方面的典型代表是美国劳伦斯伯克利国家实验室及德国的亥姆霍兹研究中心。共性技术服务机构的功能主要是解决竞争前技术，即共性技术的供给不足问题。共性技术研发机构的成功案例有德国的弗劳恩霍夫应用研究促进协会、韩国的科学技术研究院和中国台湾的台湾工业技术研究院。技术扩散服务体系的作用则主要是促进已经形成的先进适用技术（主要是工艺技术）向广大企业的扩散和应用。日本政府认证的技术咨询师则是促进先进适用工艺技术向广大中小微企业扩散的专门机制，而美国则主要依托由大学、协会、科研院所共同组成的"制造业扩展合作"计划网络促进先进适用技术的采用。

与发达工业国家和地区相比，上海在科技服务体系建设方面存在的不足主要表现在，科技服务体系的特定主体和功能缺失。例如，美国国家实验室在人事、财务和管理等方面都相对独立于大学，而上海目前的国家实验室则完全依托于大学和院系，导致大学和院系教授主导的国家实验室实际上成为学科建设和基础研究发展的平台，任务导向型、战略性的前沿技术研究主体在创新体系中名存实无。在共性技术研发方面，2002 年前后开始实施的科研院所改制使共性技术研发机构从有到无。而专业的技术扩散机构或机制在上海的创新体系中始终是缺失的，目前的产业政策主要聚焦于鼓励和促进前沿技术的突破，忽视了先进适用技术在广大企业特别是中小企业中的应用，这正是近年来上海中小企业成长不足的重要原因。

建议在技改政策方面，借鉴日本"技术咨询师"和澳大利亚"管理顾问"的做法，培育、认证专门的具备丰富的生产管理经验和现代工艺知识的专家队伍，为企业提供质量管理、现场管理、流程优化等方面的咨询与培训，从生产工艺而不是生产装备的层面切实提高企业制造水平。

二、构建产业政策工具组合，避免政策选择从一个极端走向另一个极端

在货币性政策工具的设计方面，应根据不同的货币性政策措

施的优缺点进行灵活组合，以往过度使用行政化的补贴政策、现在各部委和地方政府滥用所谓更加市场化的产业基金，都不是产业政策实施的正确方式。学术研究表明，根本不存在按照社会福利标准判断绝对占优的产业政策工具。即便是专利制度，也存在"浪费性模仿"、专利丛林和可能的滥用知识产权垄断等社会福利损失问题。因而，最优的鼓励创新的产业政策工具一定是环境特定的。例如，税收优惠可以降低政府对企业创新活动的信息要求，但税收优惠通常是与企业的研发支出挂钩，所以税收优惠会激励企业更多地把资源投向可测度的研发支出方面，从而扭曲企业的研发投资结构；由于参与产业基金的私人资本要求最高的投资回报，因此产业基金不能有效促进投资周期长、投资风险大的通用技术和共性技术的投资和发展。可见，每一项政策工具都有自身的优势和局限。

根据不同的结构性产业政策工具适用的具体情境，灵活地选择政策工具组合，有效发挥不同政策工具的互补性，而不是过度依赖财政补贴等个别政策工具，是完善上海产业政策工具体系、提高政策科学性和有效性的重要内容。

三、从消费者权益角度制定标准，形成标准倒逼质量提升的机制

目前上海技术标准存在的突出问题，一是技术标准模糊，技术标准确定的参数无法对企业的产品质量形成有效的约束；二是行业标准普遍低于企业标准，行业标准名存实亡。究其原因，上海大量的技术标准的制定是由行业协会牵头的，而行业协会的立

场是保护企业，而不是消费者权益。

国人汹涌的海外扫货和海淘代购表明，快速提升的消费水平并没有完全转化为本土制造业转型升级的强大动力。这其中，固然有国货品质不高、品牌积淀不够的问题，但大量海归产品实为国内生产制造甚至国内设计的事实也表明，消费者对国产产品的品质和品牌缺乏信任也是导致高端消费能力外流的重要原因。加强消费者权益保护，通过探索产品质量安全问题厂商举证、雇员对食品安全负有强制性举报责任等制度，降低消费者的维权成本，使规避劣质产品、不安全产品成为厂商技术路线选择和工艺选择中的首要考量，解决消费者与产品之间的信息不对称，重建消费者对本土高端品牌的信心，打通不断提升的消费水平特别是高端消费与优秀企业创新升级的信息不对称鸿沟。

以消费者权益倒逼企业技术标准提升，以标准提升倒逼产品质量提升，是上海制造业转型发展的重要机制。

四、切实加强知识产权保护，从根本上激发小微企业和创新创业活力

形成强有力的知识产权保护是实现创新者赚钱效应、驱动制造业转型升级最有力的制度工具。知识产权保护是激励创新的最市场化的、最有效的、成本最低的制度安排。知识产权保护最大的价值不在于保护大企业，而在于真正激发一大批创新型中小企业和高技术创业企业的形成。

目前，学术界和政府都看到了培育高技术中小企业、促进高技术创业对经济发展的重要性。然而，只要有效的知识产权市没有形成，中小企业和创业企业为了实现创新收益就必须完成从基础研究、产品开发到工程化和商业化的整个创新过程。而从国外的经验看，在 ICT 和生物医药等高技术产业领域，在技术市场将知识产权授权或转让给商业化能力更强的大企业以实现创新收益，是大量高技术中小企业和创业企业的主导盈利模式。因此，有力的知识产权保护是激发企业进行创新、有效选择创新者、形成分工合作的创新生态的最重要的制度条件。

因此，可以借助国家知识产权改革综合示范区建设的契机，尽快研究如何制定一个可置信的时间表，在稳步推进知识产权保护的同时，尽可能减少新的竞争范式带来的经济冲击。

五、加强企业信用建设，降低企业融资和社会化管理成本

如果说消费者权益保护是建立消费升级对产业升级的拉动机制，知识产权保护是建立优胜劣汰的竞争机制，那么，企业信用体系建设的作用就是为将社会资本引导到创新型的企业提供制度基础。

创新和转型首先是一个投资过程，且往往是大规模的沉没性投资过程，投资就需要融资、特别是长期性融资。有效的融资体系，包括新的金融业态和金融产品的创新，都要求有可靠的企业信息体系作为基础。近年来，我国和上海地区一方面热钱汹涌，另一方面企业融资难、融资贵，根本上是企业信息体系缺失和政府不当管制造成的投资和融资的错配、割裂。互联网和大数据的快速发展，为企业信用体系建设提供了技术契机。

改革的关键是切实消除政府部门和垄断部门之间的行政壁

垒，实现"信息孤岛"之间的共享互通。在完善企业信用体系的基础上，在规范投融资行为和政府监管行为的基础上把资本市场的容量做大，使更多的企业可以借助社会资本的力量转型升级。与此同时，加强职业经理人信用体系建设，为大量面临接班问题和社会化管理问题的民营企业提供社会化管理和治理的信用基础，促进民营企业二次创业和转型发展。

第四章
供给侧结构性改革视角下上海市产业政策优化调整的政策建议

第一节　以功能性产业政策优化调整上海产业政策框架体系

一、以选择性产业政策为主导的产业政策框架体系已不能适应新的形势

现阶段上海产业政策模式仍是以选择性产业政策为主体的政策框架体系。在这种政策模式中，政府居于相对主导的地位，政府"驾驭"市场、干预市场与替代市场的特征仍很明显。近年来，这种产业政策模式的缺陷和不良效应日益凸显，不再利于产业结构调整与转型发展。

随着中国及上海经济进入新常态，新一轮产业变革的孕育兴

起，越来越缺乏继续实施选择性产业政策的基本条件。选择性产业政策行之有效的基本条件，是政府能在各个时点上正确挑选出未来一段时期"应该"发展的产业、产品、技术与工艺。如果说改革开放以来的前30年里，由于中国及上海工业整体技术水平与发达国家存在很大差距，无论是在产业结构的演变、技术、工艺路线还是在产品设计、商业模式等方面都有发达国家的经验可供借鉴模仿，还存在一些有利于实施选择性产业政策的条件，而在经济新常态与新工业革命背景下，则完全不具备实施选择性产业政策的前提条件。

从消费需求看，模仿型排浪式消费阶段基本结束，个性化、多样化消费渐成主流，政策部门更难选择应该培育什么消费产品、不应该培育什么消费产品。而从投资需求看，传统产业投资相对饱和，新技术、新产品、新业态、新商业模式的投资机会大量涌现，但新的投资机会也意味着面临更大的不确定性，政策部门更难确知哪些新产品、新业态、新商业模式会成功并成为市场的主导。而从技术与供给层面看，随着整体技术水平向技术前沿逼近，在新兴技术和产业领域已经没有可供借鉴的发达国家成熟经验，面临着与发达国家同样的高度不确定性。

新工业革命则会给未来产业和经济发展在新产业、技术、市场、业态、生产方式与组织方式等方面进一步带来高度的不确定性，使基于传统产业发展经验的选择性产业政策完全失去了作用的基本前提。

二、产业政策框架体系的重点迫切需要调整

新工业革命与经济新常态背景下，迫切需要将产业政策的重点转移到"为促进技术创新、产业发展与竞争力提升创造有利的市场制度与市场环境"方面来。主要原因如下。

第一，经济发展进入新常态后，比任何时候都迫切需要通过充分发挥市场机制的决定性作用来激励企业积极创新与不断提升效率，来探索未来产业的发展方向与新的经济增长点。而市场机制能否充分发挥其决定性作用，完善的市场制度与公平竞争的市场环境是关键。虽然上海在市场制度与公平竞争环境建设方面一直走在全国的前列，但仍然需要大力完善与改进。例如，实施的选择性产业政策，不利于公平竞争，阻碍优胜劣汰，并且行政管制仍然过多，不利于调动市场主体积极性；生产要素市场化进程滞后，市场机制难以充分发挥作用；相应市场经济制度仍存在诸多问题，对于违反契约、不公平竞争、不正当竞争的行为仍缺乏有效制约，极不利于市场机制有效发挥其作用。

第二，经济新常态和新工业革命背景下，结构调整与经济转型之前任何时候都更依赖于技术创新及创新驱动。激励、支持技术创新与技术扩散一直是发达国家产业政策最为重要的组成部分，成功追赶型国家（日本、韩国等）在工业化中后期也将产业政策的重点转移到鼓励技术创新，特别是构建有利于技术创新的市场环境和创新体系方面。然而，我国的产业（技术与创新）政策着重于主导创新资源配置，疏于构筑有利于技术创新的市场环境与科技公共服务体系。政府主导技术创新方向和创新资源配

置，在很大程度上会造成技术创新与市场脱节，企业在指定的技术路线上进行低水平、重复性的研发活动，并诱发企业释放虚假信息骗取国家给予的研发经费与，导致整个社会创新效率低下。疏于构筑有利于技术创新的市场与制度环境，则会导致创新激励不足，影响合作创新的深度和广度，妨碍技术创新成果的转化和转移。创新及技术转移的公共服务支撑体系不完善，则会制约中、小企业创新能力，影响科技成果转化与技术转移的效率。

第三，全面深化体制机制改革，需要产业政策由"积极干预"向"加强服务"转变。党的十八届三中全会确立了"发挥市场机制的决定性作用"的深化改革方向，上海作为"全面创新改革试验区"必须先行先试，而各种不必要的行政审批与准入限制、对企业给予各种税收优惠和大量财政补贴的扶持帮助实际上是一种政府对市场机制的过度干预；随着我国工业向技术前沿的逼近，面临的技术路线、产品、市场的不确定性大幅度提高，政府选择特定产业、特定技术路线的企业加以重点扶持的准确性将大为降低。因此，"十三五"时期，中国及上海的产业政策应减少政府的干预，采取负面清单的管理模式，且负面清单管理的范围不易过宽、过滥，而应主要集中在能源节约、环境保护与公众安全方面，凡是负面清单上不禁止的行业都可以进入，不禁止的产品都可以生产，并进一步清理不必要的行政审批与核准，政府工作重点转向"加强服务"，即转变政府机制、强化政府的服务职能，着力为企业的创新和大众创业创造统一开放、竞争有序的市场秩序。

三、以功能性产业政策推进供给侧结构性改革

供给侧结构性改革是我国适应和引领新常态的重大创新与主动选择。"十三五"时期，加快推进供给侧结构性改革是我国促进工业转型升级的重要战略选择。权威人士在《人民日报》中指出，加快推进供给侧结构性改革，"产业政策要准，就是要按照结构性改革的方向和要求，通过功能性的产业政策加以引导，而不是政府去确定具体项目，或选择把钱投向哪一家企业，具体的投资机会还要由企业家来摸索和把握"。[①]

(一) 功能性产业政策是推进供给侧结构性改革的内在要求

供给侧结构性改革的核心是提升整个供给体系的质量、效率、适应性与灵活性。市场机制是配置资源、激励创新、化解过剩产能、推动经济提质增效、促进产业顺应市场变化进而转型升级的最为有效的工具。但是，市场机制能否充分发挥作用取决于市场经济制度的完善程度。现阶段，我国市场经济制度仍不完善，且实施过多干预市场的选择性产业政策，对微观经济活动的干预、管束过多，市场优胜劣汰机制难以有效发挥作用。这些体制机制上的缺陷是阻碍我国供给体系提质增效的最为重要的原因。

2017 年中央经济工作会议明确指出，供给侧结构性改革的根

[①] 七问供给侧结构性改革（权威访谈）——权威人士谈当前经济怎么看怎么干 [N]. 人民日报，2016-01-04 (2).

本途径是深化改革，要政府加快经济体制改革、完善社会主义市场经济制度，增进市场机能，扩展市场作用范围。劳动者整体素质不高、技术创新与技术转化体系效率较低、环境保护体系不完善，也是制约我国供给体系提质增效的重要原因。然而，市场机制在教育、基础研究、技术创新与转化、环境保护等方面存在不足。这迫切需要政府在这些领域更好地发挥作用，补充市场机制不足，以此加快推进供给侧改革。功能性产业政策正符合以上两个方面的内在需要。

（二）功能性产业政策应成为推动供给侧改革进而促进产业转型升级的重要政策工具

功能型经济政策是"市场友好型"的产业政策，它以"完善市场制度、补充市场不足"为特征。在功能型经济政策中，市场居于主导地位，政府的作用是增进市场机能、扩展市场作用范围并在公共领域补充市场的不足，让市场机制在推动供给体系提质增效方面充分发挥决定性作用。功能型产业政策的重点在于为市场机制充分发挥其决定性作用提供完善的制度基础，强化保持市场良好运转的各项制度，建立开放、公平的竞争市场体系，培养人力资本以适应产业结构升级与经济发展对于高技能劳动力的需求，支持科学研究与技术创新等方面。功能型产业政策尤为注重促进企业创新与能力建设，强调完善有利于创新的市场制度与市场环境，构建科技信息交流与共享平台、技术转移平台、科技成果评估与交易平台、产学研合作创新平台等科技服务公共平台，对于创新活动的普遍性支持，促进产业乃至整个国民经济供给体系的质量、效率与国际竞争力。

(三) 功能性产业政策可作为全面深化体制改革的重要手段

党的十八届三中全会《中共中央关于全面深化改革若干重大问题的决定》明确指出，"经济体制改革是全面深化改革的重点，核心问题是处理好政府和市场的关系，使市场在资源配置中起决定性作用和更好发挥政府作用。市场决定资源配置是市场经济的一般规律，健全社会主义市场经济体制必须遵循这条规律，着力解决市场体系不完善、政府干预过多和监管不到位问题"。

当前，中国及上海实施的产业政策具有比较强烈的干预市场、管制市场与替代市场的特征，这些产业政策大多效果不佳，由此带来的不良政策效应却日趋突出，且不符合党的十八届三中全会全面深化改革、上海全面创新改革的战略部署。而功能型产业政策与深化经济经济体制改革的方向是高度一致的，并可作为深化经济体制改革的重要手段。

四、构筑功能性产业政策框架体系的关键与重点

(一) 构建功能型产业政策的关键在于理顺市场与政府关系

中国经济已进入新常态，随着工业发展水平向技术前沿逼近，消费需求呈现越来越显著的个性化、多样化特征，中国工业发展面临技术路线、产品、市场、商业模式等方面的高度不确定性，任何机构和个人（包括政府和单个企业）都不可能准确预测何种产品、何种技术路线、哪家企业最后会成功，只有依靠众多

企业的"分散试错"与市场的"优胜劣汰"的竞争选择过程才能产生最后的成功者。产业结构调整与转型升级，必须充分发挥市场机制的决定性作用，无论是在技术路线选择、新产品的开发、产业化、商业化模式选择，还是产业升级的方向、工业发展新的增长点都应该如此。而市场机制能否充分发挥其决定性作用，取决于政府是否能为之提供良好的市场经济制度框架。

对于当前中国及上海而言，构建功能型产业政策，就是要从政府替代市场、干预市场的政策模式，转到增进与扩展市场、弥补市场不足的政策模式上来。一方面迫切需要政府简政放权，大幅度减少对于微观经济活动的干预；另一方面迫切需要政府全面深化经济体制改革，构建完善市场经济制度体系与创造良好的市场环境，并在"市场失灵"与外部性领域积极作为弥补市场的不足，这包括构建完善的市场制度体系、创造公平竞争的市场环境、提供公共服务、建设和完善基础设施、支持基础科学研究、促进技术创新与技术转移、加强节能减排与安全生产监管。

（二）构建和实施功能型产业政策，应主要包括三个方面的内容

第一，放松政府管制，退出选择性产业政策，清除（除生态环境、生产安全领域以外）所有政府对微观经济不必要的直接干预，放弃政府试图主导产业发展与资源配置方向的做法。

第二，建立健全市场制度，构建统一开放、公平竞争的现代市场体系，强化保持市场良好运转的各项制度，以此约束企业不正当竞争、不公平竞争及其他不当行为，充分发挥市场的优胜劣汰机制，激励企业提升效率、根据消费者需要改进质量与功能以及企业的创新行为。

第三，创新、环保等市场机制存在不足的领域，在尊重市场机制、不扭曲市场机制、不扭曲市场主体行为的基础上积极作为，补充市场机制的不足，而不是代替市场去主导资源配置。

（三）构筑和实施功能型产业政策，应尤为重视激励与促进创新

创新是产业发展的原动力，既是产业结构调整与转型升级的关键所在，也是应对新一轮科技革命与产业变革所带来挑战的关键所在。必须加快构建有利于创新发展的市场制度体系，加快推进要素市场化改革，为新兴产业发展创造公平的竞争环境，建立健全知识产权制度，完善知识产权执法体制，为科技服务机构发展提供良好的环境与政策。在促进创新时，政府还应补充市场机制的不足，积极支持科学研究与通用技术研究，并提高公共科技投入的效率；加强共性技术公共研究平台、科技公共服务平台与技术转移中心的建设，构建多层次的创新人才与产业技术人才培养体系。

第二节 上海市产业政策优化调整的政策建议

为了加快推进供给侧结构性改革，更好地促进上海产业发展与升级，上海应着力优化调整现有产业政策体系，转为构建实施"以功能性产业政策为主导，在战略性领域辅之以精巧设计、审慎且有限干预的结构性政策"。具体政策建议如下。

一、完善产业发展市场制度与优化产业发展环境

（一） 完善市场制度与市场环境，充分发挥市场机制的作用

完善的市场经济体制是促进创新和推动产业质量与效率提升、产业结构演进与产业转型升级最为有效的制度安排，上海虽然在制度与市场环境建设方面走在全国前列，但仍迫切需要通过完善市场制度与市场环境来推动供给侧结构性改革与产业转型升级。

第一，加快建设与完善市场法制体系。市场经济的本质是法治经济，当前经济中面临的诸多问题，主要源于市场制度的基本法律及其执行机制不健全，迫切需要完善规范市场行为相应法律体系。上海在不与现行国家法律抵触的情形下，利用地方立法权，在消费者权益保护、反不正当竞争、公平竞争审查、反行政垄断等领域补充完善相关制度，并进一步规范和完善相应法律的

执法体系。

第二，完善知识产权保护相关法律体系及其执行机制，以法治建立起严格保护知识产权的长效机制。修改职务发明相关法律规定，理顺职务发明人及其所属机构之间的责任、义务及利益分配关系，增强对职务发明人创新活动的激励。上海还应鼓励并大力支持本地企业利用法律手段维护自身的知识产权，特别是支持本地企业在外省市维护自身知识产权，必要时可给予本市企业法律援助与舆论上的支持，为本土企业争取合法权益创造有利条件。

第三，全面落实和完善负面清单管理，进一步减少行政审批与行政干预。应遵循法无禁止即可为的总体精神，不在负面清单管理之类的项目与产业，应尽可能地减少管制和审批，尤其是要减少"新技术、新业态、新模式、新产业"的项目前置审批与行政干预，并进一步简化行政审批的手续，与此同时需强化基于法律的事中、事后监管。此举在释放微观经济活力的同时，还有利于降低企业制度交易成本。

第四，大幅度减少针对企业的非税收收费，降低企业税费负担。上海非税收收费种类繁多，包括专项收费、行政事业性收费、罚没收入、国有资源（资产）有偿使用收费等多种类型。其中行政事业性收费项目中涉及企业收费的就有64项，占全部行政事业性收费项目的50%以上，对企业来说负担过重。

（二）建立公平竞争的市场环境

公平的市场竞争能通过优胜劣汰机制不断改进市场的配置效率，并迫使企业不断创新、提升效率与质量。

第一，调整产业政策取向。放弃当前以挑选特定产业、特定企业甚至特定技术与产品进行扶持的产业政策模式，将政策重点转为"放松管制，维护公平竞争，完善市场环境，促进创新"。

第二，公平市场准入。放松并逐渐取消不必要的审批、核准与准入，让不同所有制、不同规模的企业具有公平进入市场的权利。

第三，制定完善的公平竞争法。切实保障各种所有制企业依法平等使用生产要素、公平参与市场竞争、同等受到法律保护。

第四，公平税负与社会责任。让不同所有制企业在税负、社会责任要求方面能得到同等对待。

二、大力发展促进产业发展与创新的公共服务体系

观察发达国家的工业化历程可以发现，产业政策实际上是一个动态相机调整的过程，产业政策影响产业发展的机制和方式不断变化，并不存在绝对最优的、一成不变的产业政策模式。

德国、日本、韩国等国家在工业化的早期都较为广泛地运用补贴、贸易保护等结构性的产业政策积极地干预市场，以促进幼稚产业的培育发展。随着经济发展，本国企业竞争能力的提升和资本、技术约束的放松，政府干预市场的强度和范围不断收缩，政府更多通过完善竞争环境、保护知识产权等制度性建设激发产业的内生创新活力，产业政策资源更多地导向了公共服务体系建设。公共服务体系的经济功能主要是通过促进战略性技术、通用技术、共性技术的供给、扩散和应用，切实提升企业的技术创新能力。逐步将产业政策资源导向帮扶企业提升技术创新能力和市

场竞争能力的公共服务体系建设方面上，既是供给侧结构性改革在产业政策领域的贯彻和深化，也充分体现了后工业化时期上海产业转型升级的内在要求。

与发达工业国家相比，中国及上海在公共服务体系建设方面存在的不足，亟须构建帮助企业提升技术创新能力和市场竞争能力的公共服务体系。

第一，加快独立的国家实验室建设、共性技术研发机构、技术扩散机构和机制以及综合性中小企业服务机构建设。当前，中国及上海公共服务体系的特定主体和功能缺失。例如，美国国家实验室在人事、财务和管理等方面都相对独立于大学，而我国及上海的国家实验室则完全依托于大学和院系，导致大学和院系教授主导的国家实验室建设实际上成为了学科建设和基础研究发展，任务导向型、战略性的前沿技术研究主体在我国及上海的创新体系中名存实无。在共性技术研发方面，2002年前后开始实施的科研院所改制使我国国家层面的共性技术研发机构从有到无。而专业的技术扩散机构或机制在我国的产业政策体系中始终是缺失的，目前的产业政策主要聚焦于鼓励和促进前沿技术的突破，忽视了先进适用技术在广大企业特别是中小企业中的应用，而这正是近年来我国及上海工业生产效率出现下降的重要原因。建议在技改政策方面，借鉴日本"技术咨询师"和澳大利亚"管理顾问"的做法，培育、认证专门的具备丰富的生产管理经验和现代工艺知识的专家队伍，为企业提供质量管理、现场管理、流程优化等方面的咨询与培训，从生产工艺而不是生产装备的层面切实提高企业制造水平。相对而言，上海的中小企业服务体系的建设步伐较快，目前存在的问题主要表现为能够有效连接和整合各类服务资源、为中小企业提供"一站式"服务的综合性服务机构还很缺乏。因而，独立的国家实验室建设、共性技术研发机构、技术扩散机构和机制以及综合性中小企业服务机构建设，为未来上海公共服务体系建设的重点领域。

第二，优化公共服务机构的治理模式和运营机制。以共性技术研发机构为例，金融危机以后，为推进美国制造业复兴战略，美国政府先后在增材制造、数字制造、轻量合金、集成光子、柔性电子等领域设立了数家制造业创新中心，这些创新中心虽然在建设初期接受一定的联邦财政支持，但持续运营则主要依靠更加市场化的会员制，会员根据捐助的资金分为白金级、黄金级以及白银级，拥有不同的权利。而德国的弗劳恩霍夫应用研究促进协会和我国台湾地区的台湾工业技术研究院则采取了相对政府主导的模式。

针对目前我国地方共性技术研发机构存在的"公共性不够、服务能力不足"的问题，建议重点借鉴德国和中国台湾工研院的成熟经验，同时根据我国的产业发展实际进行适应性调整，吸收海内外高层次人才，建设中国工业技术研究院，研究院采取"公私合作"的运营模式，运营经费大约 1/3 来自于国家财政，1/3来自于各级政府的竞争性采购，1/3 来自于市场。在治理机制方面，由技术专家、政府官员、企业家代表和学者共同组成专业委员会作为最高决策机构，研究院最高管理者（主席）采取市场化公开招聘的方式，通过专业委员会和管理社会化减少政府的行政干预，保证研究院的高效运营和专业管理；研究院每年向社会发布翔实的年度运营报告，用于披露研究院的财务收支和业务活动，形成社会监督的机制。研究院研究人员收入宜以具有竞争力的固定报酬为主，项目收入仅作为研究人员的报酬补充，从而避免研究内容和项目设置的过度商业化；研究院的机构设置按照产业发展需求而不是学科体系设置，研究人员的考评以社会贡献而不是纯粹的学术成果为主，以此保证工研院研究成果的应用服务功能。国家可以考虑设立配套的引导资金，引导研究院在技术领先企业、科技型中小企业和落后地区制造业等具有较强社会外部性的领域投入。

三、优化产业组织与生态系统

长期以来，上海的产业组织政策方面，尤为重视培育和扶持大企业，政策资源也主要集中配置给大企业。在产业发展处于以形成可以充分利用规模经济和范围经济的大规模生产能力、政府的金融和科技资源有限从而需要向少数企业集中的阶段，这种产业组织政策有其合理性。但是，随着新一轮科技革命与产业变革的孕育兴起，新兴产业独特的技术经济特征，使大企业不再是产业竞争力的唯一载体。

首先，以云计算为代表的下一代信息技术使得企业可以将信息处理功能更多地外包给提供信息服务的第三方企业，加之数据挖掘技术的快速进步和服务模式创新，即便是地理上远离提供信息服务企业的小微企业也能够以足够低的成本获得更强的数据存储和计算能力。与此同时，新兴制造技术也提高了小型化、分散化经营的经济性。例如，以 3D 打印机为代表的个性化制造和网络开放社区的发展将大大促进以个人和家庭为单位的微制造及个人创业等极端分散组织方式的发展。

其次，产业组织结构向网络化和平台化方向发展。制造业的服务化以及制造技术的融合，将使企业之间的需求供给关系变得越来越开放，企业的同一个产品或服务可能供应完全不同的行业而不仅是同一行业的不同企业，不同的产业链相互交织，形成开放、多维、复杂的网络结构，从而很难识别、判定影响产业长期竞争力的核心资源的位置在哪里。不是某项核心技术或某个企业决定产业的竞争力，而是整个系统的质量决定了产业的生命力。在这种情况下，具有独特技术优势的高技术创业企业和小微企业的重要性凸显出来。一方面，这些企业的技术能力构成大企业技术优势的支撑；另一方面，更重要的是，这些保证了技术多样性的小微企业群体维持了整个技术创新生态系统的动态性。

针对新工业革命的要求和"十三五"上海制造业发展的关键问题，未来上海产业组织政策重点放在三个方面。

第一，推动各类技术创新主体的合作，完善产业创新生态。随着创新组织的生态化、关键知识的分散化以及知识产权竞争的"丛林化"，通过合作研发分散前沿技术突破的风险、实现创新主体之间的能力互补变得更加重要。在完善研究型大学和公共科研机构学术研究机制和共性技术开发、管理机制的基础上，加强企业在前沿技术领域的战略部署和项目组织能力。产业主导型的产学研合作不是体现在科技资源向企业的倾斜配置，而是体现在企业对技术路线选择和多主体合作复杂创新项目的管理能力上。

第二，政策资源配置的重点逐渐由大企业向高技术小微企业转变。借鉴美国和日本 SBIR 项目的经验，按照技术创新生命周期采取分阶段、竞争性、差异化的创新支持方式：第一阶段为技术可行性研究资助阶段，该阶段政府为企业提供相对小规模的资助。第二阶段政府对第一阶段取得初步成功的项目提供进一步的资助。前两个阶段的政府资助都是无偿的。不同的是，在技术可行性研究阶段，采取小额普发原则，即大范围资助，但单项资助额度相对低，这样既避免了对失败项目的过度投入，又可以广泛培育技术种子。一旦进入研究开发阶段，资助就采取大额集中原则，以加快推进技术成熟。第三阶段是技术成果商业化的阶段，该阶段政府对企业的资助不是必然的，而是根据技术产业化的市场条件和企业能力相机给予，政府的主要功能是为技术产业化提供各类服务。

第三，培育产业生态还需构建顺畅的退出机制。优胜劣汰、适者生存是形成良好产业生态的基本保障，对于上海而言，由于土地成本、环境成本、工资水平等快速上升，制造业中的中低技术环节、低附加值环节将面临日趋严峻的成本劣势。制造业中、低技术环节逐渐退出上海，上海的制造业逐渐向高技术环节升级将是大势所趋，为使这种产业转移与升级更为顺畅，需要做好两个方面的工作：一方面做好援助退出工作，重点做好过剩产能调整中的失业人员的社会保障工作，并对失业人员再就业提供培训、信息服务甚至必要的资助；另一方面做好辅助升级工作，积极支持传统产业企业（尤其是中小企业）对职员进行职业培训提高劳动者技能，并支持企业组成联合技术创新与管理创新联盟，对于企业联盟在新产品开发、关键共性技术的突破、工艺流程与管理流程的改造与创新等方面的活动，予以资金支持以及税收优惠政策。

四、推动制造业与服务业融合发展

对于上海而言，制造业与服务业融合发展既是制造业向高技术、高附加值环节转型升级的内在需要，也是大力发展现代生产性服务业的内在需要。上海应从以下几个方面推动制造业和服务业的融合发展。

（一）做好顶层设计，建立健全机制

一是制定《上海市产业融合发展中长期发展战略》，市有关部门、各区人民政府按照产业融合发展的总体发展要求，提出和细化配套政策和实施措施，纳入全市政策体系，形成政策合力。

二是加强产业融合发展运行分析和监管。建立和完善产业融合统计分析体系和统计核算制度及产业融合带动型企业联系制度，全面准确掌握全市产业融合发展状况。

三是充分发挥经信委和行业协会作用。行业协会要积极发挥政府和企业之间的桥梁作用，协助经信委做好产业融合带动型企业的引进、培育、资格评定等工作。加强调查研究，及时反映行业动向，提出政策建议，帮助企业协调解决有关问题，引导企业健康发展。

四是形成产业融合发展氛围。政府部门、研究机构要加强产业融合发展的理论研究和实证研究，提高把握和促进产业融合发展的能力和水平。通过政策发布会等形式，加强对产业融合发展的宣传力度，有计划、有重点地宣传上海产业融合发展的政策、作用和进展情况，在全市形成有利于产业融合发展的良好氛围。

（二）完善政策体系，创造制造业与服务业融合发展的良好生态

建立一体化的产业政策体系，消除服务业和制造业之间在税收、金融、科技、要素价格之间的政策差异，降低交易成本；同时，要从客户需求的视角，整合行业管理部门的职能，制定相互协调融合的行业监管、支持政策，形成合力，推动制造业与服务业融合发展。应该把高技术现代服务业和高技术制造业全部纳入高新技术产业的范畴，给这些产业研究开发给予支持，而且要根据现代服务业研究开发的特点，给予特殊的政策。同时，制造业服务化会衍生出 IT 技术系统解决方案、3D 虚拟仿真设计、融资租赁业务、逆向信贷等新兴服务业态，要加大支持力度。

（三）加快生产型服务业功能区和公共服务平台建设

重点发展研发设计、信息、物流、商务、金融等现代服务业，提升产业结构层次，加强产业配套能力建设，增强区域辐射能力。要在已有的制造业产业集群内部或者附近，以降低制造业集群的交易成本，优化投资环境；在各种高新技术园区，或者知识密集型制造业的集群内部或者周边，建立为其服务的研发平台以及法律、工程、融资、信息、咨询、设计、租赁、物流和政策支撑体系。这样做，既鼓励了生产性服务业发展，也促进了制造企业的专业化与分工，要么专注于制造业发展，要么向服务企业转型。

（四） 完善产业融合项目的产业投融资服务体系

支持境内外股权投资、创业投资机构在沪集聚和发展，鼓励境内外个人和投资机构开展天使投资业务，引导股权投资基金的设立和发展。完善科技金融、产业投融资等各类投融资服务平台，围绕重点产业或关键领域的产业融合项目组建专项金融服务联盟。吸引信用、法律、咨询、资产评估等各类国内外知名专业性中介机构聚集，完善高技术产业和生产性服务业产业融合项目的投融资服务链条。

五、高度重视先进制造业的发展

先进制造业的发展，一方面为现代服务业的发展、技术进步与创新提供了重要的技术支撑；另一方面为现代服务业的发展提供了重要的需求空间。还需要指出的是，在新一轮工业革命中，发达工业国家的政策目光都不仅瞄准技术创新本身，而且高度重视互补性的经济条件和制度建设，而精益（先进）制造能力、通过终身学习制度建设提升产业工人的技能和知识水平，通过先进制造技术研究所或产业联盟建设加强共性技术的供给，正是这些互补性经济条件与制度建设的最为重要的构成。因而，上海应高度重视先进制造业的发展、高度重视先进（精益）制造能力的提升。

（一） 加快制订实施上海的 "先进制造技术突破和应用计划"，加快推进先进制造技术的推广和扩散

上海应尽快制定和实施符合上海产业结构调整要求的 "先进制造技术突破和应用规划"，并制定相应的产业政策和实施细则，加大前沿制造技术和设备的技术突破力度，积极推进应用先进适用制造技术，特别是加大先进制造技术对上海具有比较优势的大规模生产的改造和提升。

（二） 以现代 "母工厂" 建设为抓手，推进上海的先进制造技术和设备应用能力的提升，以及现代生产管理方法的改进与创新

遴选设备先进、系统管理能力强、现场管理工作扎实的工厂进行重点建设和投资，将这些 "母工厂" 建设成为上海先进制造技术突破、应用的场所，建设成为先进制造技术和先进现场管理方法持续改善的 "现场实验室"，从而最终以点带面地推进上海制造水平的整体提升。依托母工厂建设，加强高技能和知识型员工的培养。

（三） 协同推进战略性新兴产业的培育与先进制造技术的发展

战略性新兴产业的发展必须与现代制造技术的研发、应用结合起来，协调推进，通过战略性新兴产业的发展，为先进制造技术突破提供应用场所和市场支撑；通过先进制造技术的发展，为战略性新兴产业的工程化、产业化提供工艺保障。

六、建设技术创新国际合作平台

正确处理自主创新与开放创新之间的关系，建设高水平的技术创新国际合作平台，把上海建设制造业技术创新中心与具有全球影响力的科技创新中心建设目标紧密结合起来。

上海具备建设"国家科技创新国际合作示范基地"的基础与条件。

第一，上海高端科学资源优势突出。上海是我国科技资源最为集中的地区和最重要的研发中心之一，创新的投入和产出各项指标均显著高于全国平均水平。

第二，上海高端产业基础优势突出。上海高新技术产业发展层级高，是推动工业"上海创造"的基础；大企业是推动"上海创造"的发动机，企业技术中心掌握行业国内核心技术，部分达到国际技术领先。

第三，上海知识网络节点优势突出。上海是中国主要的技术交易市场和主要的技术交易流向地之一；上海已逐步融入全球技术创新网络，成为国际主要的研发中心之一。

第四，上海高端人才集聚优势突出。上海具有人才培育和成长优势，人才引进和创业环境不断改善，还具有良好的工作条件和团队合作环境。

第五，上海高端消费市场优势突出。上海本地消费规模大，需求层次高；是全国公共产品采购基地和先行示范基地。

建设"国家科技创新国际合作示范基地"可按照"互利共赢、市场主导、全面创新、以人为本和绿色低碳"的原则，着眼于促进高水平的科技创新国际合作，借鉴以市场机制为主导的科技创新模式，完善上海区域创新体系和创新生态，成为上海核心功能优化升级的一个新范本。"示范基地"的建设定位如下：

第一，"示范基地"致力于建设成为国家科技创新体制机制改革示范区。不同于我国现有的开发区、高新技术产业园和自主创新示范区，"示范基地"贯彻落实我国深化科技体制改革的重点，其建设、运营将采取更为国际化、市场化的运作模式，以创业项目孵化和创新成果高效转化为目标，以投资基金为主要手段，打造符合国际管理的专业的高技术创业孵化器和风险投资服务体系，克服制约我市科技创新能力提升的体制机制约束。

第二，"示范基地"致力于建设成为上海建设具有全球影响力科技创新中心的战略支点。"示范基地"以集聚、整合全球范围高端创新要素为对象，通过科技创新体制机制的创新，增强对全球最具成长潜力的创业创新人才的吸引力，支撑上海建设具有全球影响力的科技创新中心。

第三，"示范基地"致力于建设成为长三角协同发展的动力源。在入驻项目和创业团队的选择上，优先支持符合长三角协同发展重点领域的项目；在创业成果转化、孵化项目加速成长阶段，重点支持对长三角产业结构升级和区域协同的项目，使"示范基地"成为推动长三角协同发展的创新策源地。

第四，"示范基地"致力于建设成为上海建设国际交往中心的高端平台。"示范基地"不仅是科技创新的平台，还是国际创新文化、管理经验和人才交流的平台，是我国对外国际交流的重要载体。

"示范基地"的建设定位的主要思路为：营造面向全球小微

企业创业创新发展需求的环境，打造多层次全方位的国际合作对接平台，建设国际化创新体系和服务体系和全面提升上海整合利用全球高端要素的能力。

一是扶持小微企业。完善科技创业创新基础设施，建设新型众创空间和孵化器，打造共性技术研究院、公共实验室等各类研发公共服务平台，吸引全球最具成长力的创业创新企业前来发展。

二是强化优势产业，增强创新驱动力。"示范基地"的建设按照上海构建"高精尖"产业结构的目标，重点围绕电子信息、汽车、生物制药、高端装备制造等优势产业，以增强产业发展的创新支持。

三是立足盘活存量，导入增量。"示范基地"以高水平的国际科技创新合作，通过落地的国际科技创新合作项目，盘活高校和科研院所和企业的存量资源。"示范基地"可采取"分步走"的建设路径，即先与一国开展高水平的科技创新双边合作，然后通过先导项目的导入，形成合作机制和关键合作平台后，拓展至全球范围的科技创新合作。

七、探索多元区域合作，推动长三角产业协同发展

上海产业的转型升级与优化调整，必须以长三角地区产业协同发展为基础。围绕长三角地区产业分工、环境治理、水资源保护等方面加快推进协作机制的建立与完善，协同推进产业发展和经济社会发展。还需加快建立长三角地区产业协同发展区域合作机制，构建利益协调长效机制，当前，需要加强"十三五"产业发展规划编制、实施方面的对接、合作与协调。在此基础上，长

三角地区应结合国家顶层设计与未来可能达成的合作框架协议，做好各自内部（区、县或地级市）产业发展的统筹、引导，实现特色化定位、差异化发展、分工合作。

上海市可按照利益共享的原则，与长三角市（县）合作开发、建设高水平的工业园区，围绕工业园区建设，加强高技术成果的产业化能力特别是规范化生产能力和产业配套能力，加快传统产能的转移。上海按照"高端、高效、高辐射"的产业发展战略，应将产业聚焦于资本、技术和知识密集型产业和产业链环节，推进制造业由生产型向服务型的转型，将土地和劳动密集的制造业和制造、加工组装环节向周边地区转移，与周边地区形成合理分工、错位竞争的格局。

通过积极发展飞地经济，一方面有效解决上海工业发展面临的土地、资源、环境、物流和人口问题；另一方面促进长三角产业的协同发展。

一是与江苏、浙江省签订"飞地经济"战略合作协议，由两省提供工业项目的建设和发展用地，上海帮助吸引投资项目、协助在沪企业的向外转移和重大科技成果的落地，利税由双方共享。

二是充分发挥上海张江国家自主创新示范区的影响力和对高技术产业、战略性新兴产业的吸引力，与江苏省、浙江省及所辖地级市政府共同建设开发高技术产业和战略性新兴产业园区。

三是与总部经济模式相结合，探索飞地的逆向投资模式，在上海设立"研发飞地"，吸引江苏、浙江及所辖各级政府帮助当地企业在上海设立研发中心，加快壮大上海总部经济及科技创新中心的发展；同时增强江苏和浙江企业、产业的研发能力和技术能力，促进上海科技成果在江苏、浙江两地的转化。